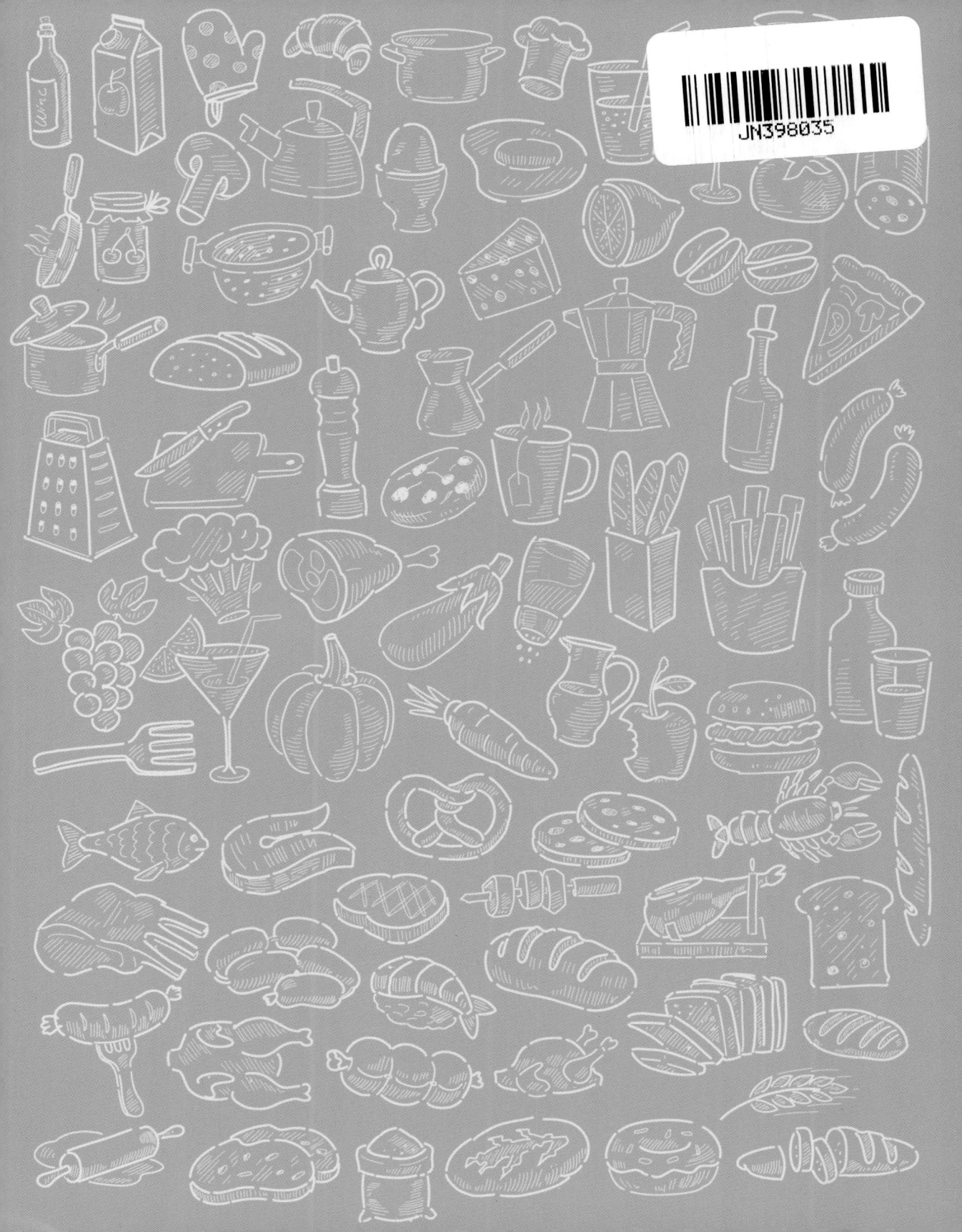

오늘 뭐 해먹지?

초판 1쇄 발행 | 2015년 5월 26일

지은이 | 이필주
펴낸이 | 이원범
기획·편집 | 김은숙, 김경애
마케팅 | 안오영
표지·본문 디자인 | 강선욱
사진 촬영 | 안상경(도자기숲)
푸드 스타일링 | 안은경(도자기숲)

펴낸곳 | 어바웃어북 *about a book*
출판등록 | 2010년 12월 24일 제2010-000377호
주소 | 서울시 마포구 서교동 394-25 동양한강트레벨 1507호
전화 | (편집팀) 070-4232-6071 (영업팀) 070-4233-6070
팩스 | 02-335-6078
ISBN | 978-89-97382-38-5   13590

ⓒ 이필주, 2015

* 이 책은 어바웃어북이 저작권자와의 계약에 따라 발행한 것이므로
  본사의 서면 허락 없이는 어떠한 형태나 수단으로도 책의 내용을 이용할 수 없습니다.
* 잘못된 책은 구입하신 서점에서 바꾸어 드립니다.
* 책값은 뒤표지에 있습니다.

삼시세끼 부딪치는 집밥 고민 해결 레시피

오늘뭐 해먹지?

이필주 요리하고 도자기숲 사진 찍고

어바웃어북

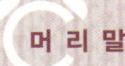

머리말

"오늘 뭐 해먹지?"
고민에서 해방시켜 줄
생활밀착형 30일 레시피

제 첫 요리 선생님은 친정어머니였습니다. 제 기억 속 어머니는 늘 부엌에서 분주하게 움직이셨어요. 그도 그럴 것이 5형제의 맏며느리셨던 어머니는 할머니 할아버지 진지와 먹성 좋은 네 명의 삼촌들 끼니를 챙기느라 늘 종종거려야만 했어요. 하지만 어머니는 풍족하지 않은 살림에도 그때그때 상황과 가족들 몸 상태에 딱 맞는 반찬을 상에 올리는 지혜로운 분이었습니다. 기름진 음식을 많이 먹는 명절 다음날이면, 제사상에 올라간 닭을 잘게 찢어 오이와 채소, 고춧가루를 넣고 새콤달콤하게 무쳐 느끼한 속을 달래주셨지요. 그런 어머니를 도와 종종 보조 요리사 역할을 했던 것이, 제 첫 번째 요리 수업이었습니다.

남편의 해맑은 미소에 반해 겁도 없이 9남매 맏며느리 자리를 맡겠다고 했을 때 가장 크게 반대하셨던 분은 어머니셨습니다. 딸이 어머니처럼 평생 부엌에서 벗어나지 못할까 봐 걱정이 크셨던 것이죠. 어머니의 우려대로 9남매 맏며느리가 챙겨야 할 살림은 스케일이 엄청났습니다. 2박 3일의 김장기간 동안 적게는 300, 많게는 400포기의 배추를 다듬고 절이고 버무려야 했습니다. 9남매가 한자리에 모이는 날이면 식당에서 사용하는 커다란 전기밥솥 두 개에 밥을 하고, 갈비 12kg이 한 끼에 동나곤 했습니다. 9남매 맏며느리로 사는 하루하루가 제 두 번째 요리 수업입니다. 돌아가실 때까지 모셨던 시부모님과 식성이 저마다 다른 형님, 서방님들이 제 두 번째 요리 선생님입니다.

날마다 부엌에서 좌충우돌 시간을 보내다 보니 주변 사람들이 '비법'이라고 부르는 저만의 레시피를 정리한 수십 권의 노트를 갖게 되었고, 30인분 명절 음식도 허둥대지 않고 만들어낼 만큼 내공도 생겼습니다. 나누는 것 좋아하는 두 분 어머니의 영향을 받아 이 집 저 집 반찬을 나눠주고, 우리 집을 찾는 손님은 절대 빈속으로 보내지 않다 보니 '분당 장금이'라는 쑥스러운 별명도 얻게 되었습니다. 결국, 지인들의 성화에 요리를 가르치는 선생이 되었습니다. 할 줄 아는 것이라고는 가족들을 위해 맛있는 '밥'을 차려주는 것밖에 없다고 생각해왔는데, 삼시세끼 셀 수 없이 차린 '밥'이 제게 새로운 길을 열어주었습니다.

이 책은 주부라면 입에 달고 살만큼 많이 내뱉는 "오늘 뭐 해먹지?"

라는 고민에서 출발합니다. 하루에도 세 번씩 돌아오는 끼니마다 무엇을 만들지 생각하는 일은, 정말 골치 아픈 일입니다. 아무리 간단하게 차리더라도 고민할 것이 한둘이 아니기 때문입니다. 오늘 밥상에 오른 음식은 주부가 가족들의 식성부터 건강 상태, 영양, 재료비, 조리시간, 제철 음식, 어제 먹은 음식과 차별점 등 수십 가지 요소들을 점검한 후 나온 결과물입니다. 이 책은 주부들을 메뉴 고민에서 벗어나게 해줄 1식 4찬의 30일 레시피를 제안합니다. 더는 어울리는 메뉴를 찾아 요리책이나 인터넷을 뒤지지 않아도 됩니다.

저는 남편이 술 마시고 들어오면 눈을 흘기면서도 내일 아침에 콩나물국을 끓일까 북엇국을 끓일까 갈등하고, 두 아들에게 어떻게 하면 채소를 더 많이 먹일까 궁리하며, 마트 세일 정보에 촉각을 곤두세우고 있는 평범한 대한민국 아줌마입니다. 요리하는 사람을 닮아 이 책의 레시피는 생활밀착형입니다. 일 년에 한 번 해먹을까 말까 한 거창한 요리는 없습니다. 어떤 집이나 밥상에 자주 오르는 반찬과 국, 찌개 등을 중심으로 메뉴를 구성했습니다. 단, 일상적인 요리를 다루되, 익숙한 재료와 조리법에 조금씩 변화를 주어 그저 그런 집밥에 머물지 않도록 했습니다.

이 책이 다루는 요리의 재료들은 마트나 재래시장에서 쉽게 구할 수 있는 것들입니다. 또한, 한우와 호주산 소고기를 앞에 두고 고민할 수밖에 없는 주부들의 마음을 담아 한 끼 식사에 많은 돈이 들어가지 않도록 레시피를 연구했습니다. 날마다 새로운 요리를 만들다 보면 냉장고에 남은 재료들이 가득합니다. 그런 일이 반복되다 보면 유통기한을 넘기거나 존재 자체가 잊혀 몇 주 후 사체(?)가 되어 쓰레기통으로 직행하는 재료들이 부지기수입니다. 이 책의 30일 메뉴는 모든 재료를 남김없이 사용할 수 있도록 구성했습니다. 예를 들어 오늘 무나물을 만들고 남은 무는 며칠 후 갈치조림에 넣습니다. 그러고도 남은 무는 삼치구이에 곁들이는 무초절임의 재료가 됩니다. 이렇게 이 책이 제안하는 메뉴대로 한 달을 요리하다 보면 모든 재료를 알뜰히 사용할 수 있게 됩니다.

세상에서 가장 감칠맛 나는 조미료는 '정성'입니다. 매일 화려한 바깥음식을 먹다 보면 문득 특별할 것 없는 엄마표 집밥이 그리워지는 이유가 여기 있습니다. 손맛이나 요리의 능숙함을 떠나 '정성'이라는 조미료를 준비했다면, 누구나 가족들이 엄지손가락 치켜드는 맛있는 식사를 만들 수 있습니다.

이번 책 작업을 통해 한 권의 책이 나오기까지 정말 많은 사람의 숨은 노력이 필요하다는 것을 알게 되었습니다. 힘든 작업을 함께한 어바웃어북 가족들과 사진 촬영을 도와준 도자기숲 식구들, 항상 저의 판단을 믿고 지지해주는 남편 은균 씨, 엄마의 음식을 늘 최고라고 칭찬해주는 멋진 두 아들 경수와 한수에게 감사의 말을 전하고 싶습니다.

_봄의 절정에서 이필주

| 머리말 | "오늘 뭐 해먹지?" 고민에서 해방시켜 줄
생활밀착형 30일 레시피 ·· 004

1-Day
오리고기와 풍성한 채소가 만나
건강해진 밥상 020

- 오리와 밀쌈의 담백한 조화
  훈제 오리고기 밀쌈 ············ 022
- 답답한 속이 뻥 뚫리는
  콩나물 김칫국 ················· 024
- 집 나간 입맛을 되찾아주는 새콤 쌉싸래한
  오이 도라지 무침 ············· 026
- 향긋한 향과 구수한 맛이 일품인
  참나물 된장무침 ············· 028

2-Day
봄날의 싱그러움을 머금은
봄맞이 상차림 030

- 노란 단호박이 들어가 더 달콤한
  단호박 제육볶음 ············· 032
- 입안 가득 전해지는 봄 향기
  쑥 들깻국 ····················· 034
- 재료비 부담, 시간 부담 없는 건강 반찬
  양파 두부 조림 ··············· 036
- 알싸함과 달콤한 맛이 일품인
  쪽파 진미채 무침 ············· 038

3-Day
배부르게 먹어도 살찔 염려 없는
저칼로리 밥상 040

- 속 푸는 데 안성맞춤
  홍합 뭇국 ····················· 042
- 달달한 불고기와 아삭아삭 채소가 어우러진
  불고기 샐러드 ················· 044
- 포슬포슬 맛있게 볶아진
  감자볶음 ······················· 046
- 칼로리 걱정 뚝!
  애호박 가지 구이 ············· 048

4-Day
얼큰한 국물과 아삭한 채소로
온기를 불어넣는 밥상 050

- 겨울을 대표하는 찌개
  동태찌개 ······················· 052
- 색감도 식감도 곱디고운
  탕평채 ·························· 054
- 완벽한 영양 궁합
  마늘종 새우 볶음 ············· 056
- 식이섬유 듬뿍
  고구마 줄기볶음 ············· 058

5-Day 뜯고 씹고 맛보면 약이 되는
보양밥상

| 뜯는 맛이 일품인 |
| 등갈비 김치찌개 ...... 062 |
| 천연 미세먼지 필터 한 접시 |
| 돼지고기 숙주 볶음 ...... 064 |
| 갯벌 내음을 품은 |
| 꼬막무침 ...... 066 |
| 제사상 대표 나물 |
| 도라지나물 ...... 068 |

6-Day 장 냄새가 구수하게 피어오르는
장맛 가득한 밥상

| 구수한 청국장에 차돌박이가 풍덩 |
| 차돌박이 청국장찌개 ...... 072 |
| 쫄깃쫄깃 아삭아삭 |
| 오징어 무생채 ...... 074 |
| 오리고기의 느끼함을 확 잡은 |
| 샬롯 훈제 오리고기 샐러드 ...... 076 |
| 짭조름하고 향긋한 |
| 방아잎 고추장떡 ...... 078 |

7-Day 고구마와 치즈가 입안에서 사르르 녹는
돈가스 정식

| 속은 살살 녹고 겉은 바삭한 |
| 당근 고구마 돈가스 ...... 082 |
| 진한 풍미가 느껴지는 |
| 리코타치즈 샐러드 ...... 084 |
| 아이스크림처럼 부드럽고 달콤한 |
| 단호박 크랜베리 샐러드 ...... 086 |
| 아침 식사 대신 한 잔 |
| 바나나 아몬드 우유 ...... 088 |

일품요리 01 소풍 갈 때 필수! 김밥

참치 김밥 | 어묵 김밥 | 불닭 김밥

8-Day
닭고기와 밑반찬으로 차린
간단 보양식
092

- 매콤한 국물에 밥까지 볶아먹어야 숟가락 놓는
  닭볶음탕 ················· 094
- 들깻가루를 넣어 더욱 고소한
  취나물볶음 ················· 096
- 촉촉하고 부드러운
  진미채볶음 ················· 098
- 휘리릭 만들어 상큼하게 즐기는
  상추겉절이 ················· 100

9-Day
자극적인 음식에 지친 입맛에 휴식을!
저자극 채식 밥상
102

- 귀한 사람을 위한 특별한 밥
  연잎밥 ················· 104
- 구수하고 달큼한
  호박 된장찌개 ················· 106
- 집 나간 입맛 잡는 '입맛 사냥꾼'
  꽈리고추찜 ················· 108
- 무더위를 싹 잊게 하는
  오이겉절이 ················· 110

10-Day
들깨와 마늘종으로 차린
두뇌를 깨우는 밥상
112

- 고소한 들깨탕 속에 버섯이 쏙!
  버섯 들깨탕 ················· 114
- 쫄깃쫄깃 오동통
  코다리조림 ················· 116
- 입맛 돋우는 알싸한 밑반찬
  마늘종무침 ················· 118
- 쌉싸름한 맛과 향이 독특한
  방풍나물 ················· 120

11-Day
일 년 내 먹어도 질리지 않는
보통 날의 집밥
122

- 건새우가 들어가 더 구수한
  새우 아욱국 ················· 124
- 촉촉하고 부드러운
  돼지고기 장조림 ················· 126
- 부드럽게 술술 넘어가는
  가지나물 ················· 128
- 봄바람 따라 들썩이는 마음을 다스리는
  원추리무침 ················· 130

12-Day
늘 먹는 반찬에 매인 요리 하나만 더한
정갈한 손님상
132

- 눈과 입이 즐거운
  레몬 가자미 탕수어 ······ 134
- 술 마신 다음 날 속 쓰림을 달래주는
  북엇국 ······ 136
- S라인 미인들의 반찬
  매운 감자조림 ······ 138
- 양념을 적게 넣어 향을 살린
  당귀나물 ······ 140

13-Day
고소한 냄새가 집안 가득 퍼지는
미리 먹는 명절 음식
142

- 시원한 동동주를 부르는
  육전 ······ 144
- 한국인의 국
  소고기 뭇국 ······ 146
- 각종 버섯들의 향연
  모둠 버섯 잡채 ······ 148
- 아삭아삭 새콤달콤한
  사과 부추 무침 ······ 150

14-Day
할머니 손맛 생각나는
구수한 시골 밥상
152

- 잘 익은 김치와 구수한 콩의 랑데부
  등갈비 비지찌개 ······ 154
- 매콤한 양념이 맛있게 배어든
  황태구이 ······ 156
- 조물조물 손맛 쏙쏙
  열무 된장무침 ······ 158
- 손질에서 요리까지 5분이면 완성하는
  오징어 실채볶음 ······ 160

일품요리 02
간단하게 즐기는 **샌드위치**
162

크루아상 샌드위치 | 닭가슴살 크랜베리 샌드위치 | 불고기 샌드위치

차례 ● 011

15-Day 요리 솜씨 뽐낼 수 있는 손님맞이 상차림

164

- 색다른 돼지구이
  항정살 데리야키 …… 166
- 구수하고 시원한
  해물 된장찌개 …… 168
- 간단해서 더 좋은
  아몬드 멸치 고추장무침 …… 170
- 파릇한 들판을 한 접시에 담다
  오징어 돌나물 초무침 …… 172

16-Day 어른스러운 맛으로 채운 나들이 도시락

174

- 함박스테이크를 올린
  수제 떡갈비 …… 176
- 여름에만 맛볼 수 있는 별미 쌈밥
  호박잎쌈과 우렁이 쌈장 …… 178
- 자꾸만 손이 가는 반찬
  단호박 멸치 조림 …… 180
- 노화 시계를 멈추는
  참깨 샐러드 …… 182

17-Day 뿌리채소로 힘을 불어넣는 대장 쾌청 밥상

184

- 따끈하게 한 그릇 비우면 속이 든든한
  감자 들깨 미역국 …… 186
- 양념치킨보다 맛있는
  닭봉 닭날개 칠리구이 …… 188
- 식감도 모양도 재미있는
  연근조림 …… 190
- 싸고, 맛있고, 영양 많은 기본 반찬
  콩나물무침 …… 192

18-Day 얼큰한 국과 새콤한 해초 나물이 책임지는 입맛 돋우는 밥상

194

- 밥 말아 먹지 않고 못 배기는
  얼큰 닭개장 …… 196
- 기름기를 쪽 빼서 더 담백한
  참치 동그랑땡 …… 198
- 조갯살과 액젓으로 바다 향이 더 깊어진
  톳나물 …… 200
- 국물을 자박하게 남겨 차갑게 먹는
  머위대나물 …… 202

19 · Day
DHA와 칼슘 듬뿍
뼈 튼튼 밥상
204

구수한 시골의 맛
우거지 된장찌개 ······ 206

DHA가 듬뿍 들어 있는
삼치 카레 구이 ······ 208

아이가 있다면 자주 먹어야 할
시금치나물 ······ 210

씹어 먹는 칼슘 덩어리
뱅어포구이 ······ 212

20 · Day
땀 흘리지 않고 먹을 수 있는
시원한 한 끼
214

국물이 끝내주는
맑은 전복 새우탕 ······ 216

술안주로도 밥반찬으로도 좋은
아스파라거스 베이컨 말이 ······ 218

무 본연의 단맛을 제대로 살린
무나물 ······ 220

새콤달콤 상큼한
미역 오이 초무침 ······ 222

21 · Day
이탈리아 레스토랑이 우리 집으로
봉골레 파스타 정찬
224

짭조름한 바다 내음이 느껴지는
봉골레 파스타 ······ 226

바삭바삭하고 향긋한 대한민국 넘버원 빵
마늘빵 ······ 228

담백하게 즐기는
베이컨 오리엔탈 샐러드 ······ 230

속이 든든해지는
토마토 주스 ······ 232

일품요리 03
한입에 쏘옥
쌈밥
234

케일 쌈밥 | 명이 쌈밥 | 묵은지 쌈밥

22-Day 스트레스 확 풀리는 화끈한 응원의 밥상

236

- 화끈하게 매운 **낙지볶음** ······ 238
- 보들보들한 속살에 새우가 쏙쏙 **새우 달걀찜** ······ 240
- 요리 초보도 금방 만드는 전 **감자전** ······ 242
- 얼음 동동 띄워 후루룩 **굴물회** ······ 244

23-Day 국민 반찬으로 차린 소박하지만 든든한 밥상

246

- 갓 지은 밥에 쓱쓱 비벼 먹는 **돼지고기 고추장찌개** ······ 248
- 초 간단 에너지 충전 요리 **봄동과 자색양파전** ······ 250
- 꼬들꼬들 쫀득쫀득 **묵말랭이볶음** ······ 252
- 성장기 아이들의 필수 반찬 **지리멸치볶음** ······ 254

24-Day 맛, 영양, 가격을 모두 잡은 착한 밥상

256

- 새우젓이 들어가 담백한 **돼지고기 두부찌개** ······ 258
- 요리 초보도 쉽게 따라 할 수 있는 **게맛살 냉채** ······ 260
- 갓 지은 밥과 환상의 콤비 **깻잎찜** ······ 262
- 꼬들꼬들 탱탱한 **곤약 어묵 조림** ······ 264

25-Day 천고마비의 계절에 맛보는 가을맞이 상차림

266

- 칼칼하면서도 비린내가 나지 않는 **갈치조림** ······ 268
- 닭육수가 진하게 우러난 **닭 미역국** ······ 270
- 고소한 들기름 향이 솔솔 **고사리나물** ······ 272
- 알싸한 향이 입맛을 당기는 **꽈리고추 멸치 볶음** ······ 274

26-Day 영양 빈틈없는 산과 들, 바다를 품은 밥상

276

- 갈비 뜯는 맛이 제대로 나는
  LA갈비 ································ 278
- 숙취로 머리 아플 때
  오징어 뭇국 ························ 280
- 보들보들 짭조름한 맛에 금세 한 접시 비우는
  미역줄기볶음 ······················ 282
- 새콤달콤 아삭아삭
  마 유자 샐러드 ···················· 284

27-Day 한 시간 투자로 일주일이 든든한 밑반찬 만드는 날

286

- 한국식 고기 샐러드
  차돌박이와 콩나물 겉절이 ······ 288
- 고기 장조림이 지겨울 땐
  오징어 장조림 ···················· 290
- 바로 먹어도 익혀 먹어도 맛있는
  깻잎김치 ···························· 292
- 팔방미인 콩나물의 색다른 변신
  매콤 콩나물찜 ···················· 294

28-Day 간단하게 한 끼 해결하고 싶을 때 카레덮밥 정식

296

- 어떤 재료든 아우르는 융합의 진수
  닭가슴살 토마토 카레 ·········· 298
- 막 담근 생생한 김치가 생각날 때
  배추겉절이 ························ 300
- 달콤하고 시원한 파인애플 드레싱이 듬뿍
  양상추 셔벗 샐러드 ············· 302
- 마시는 종합비타민
  키위 주스 ·························· 304

일품요리 04 허한 속을 따뜻하게 채우는 영양죽

306

흰죽 | 소고기 야채죽 | 새우 조개죽

차례 • 015

29-Day 나른한 몸에 활력을 불어넣는 원기 충전 밥상

308

- 밥도둑이 따로 없는
  묵은지 고등어 조림 310
- 나른한 봄에 꼭 먹어야 할
  두릅초회 312
- 집밥 대표 메뉴
  참치 달걀말이 314
- 오독오독 맛있는
  무말랭이무침 316

30-Day 밥알 하나하나 향긋하고 맛있는 참나물 더덕밥 정식

318

- 밥알에 더덕 향이 진하게 배어든
  참나물 더덕밥 320
- 입맛 없을 때 최고!
  묵은지지짐 322
- 누가 해도 맛있는 쉬운 밑반찬
  북어포무침 324
- 언제 내놔도 칭찬받는
  삼색전 326

권말특집 1 엄마 손맛 흉내 내기

한국의 대표 반찬, 김치   330
배추김치 | 대파김치 | 열무김치 | 오이 물김치 | 무생채

입맛 살려주는
장아찌 & 피클   333
명이나물 장아찌 | 마늘 장아찌 | 새송이 장아찌 | 마 장아찌
마늘종 장아찌 | 두부 장아찌 | 더덕 장아찌 | 양배추 깻잎 피클
오이 양파 피클 | 무 비트 피클 | 셀러리 레몬 피클

별미 중의 별미, 해물장   338
새우장 | 낙지장 | 간장게장 | 양념게장

권말특집 2 요리 왕초보를 위한 초밀착 코칭

- 햇반이 필요 없는 맛있는 밥짓기   340
- 브런치 카페처럼 달걀 요리 예쁘게 만들기   343
- 칼질 공포증을 극복하는 칼 사용법   346
- 요리 시간을 반으로 줄이는 재료 손질법   349
- 유통기한 늘리는 음식 재료 보관법   352
- 면 요리가 만만해지는 면 삶기   356
- 요리하다 마트로 달려가지 않으려면
  갖춰야 할 필수 양념   359
- 요리가 쉬워지는 똑똑한 조리도구   364

일러두기

1. 이 책의 레시피는 별도 표시가 있는 요리를 제외하고는 4인분을 기준으로 합니다.
2. 레시피를 정리하면서 가장 대중적인 맛을 찾고자 노력했습니다. 하지만 단맛, 신맛, 짠맛, 매운맛 등의 음식 간은 개인차가 발생할 수밖에 없는 부분이니 레시피를 따라 간을 하되, 중간에 맛을 보고 입맛에 맞춰 조미료의 양을 가감하시는 것이 바람직합니다.
3. 이 책의 요리에는 함초소금과 직접 담근 된장과 국간장을 사용하였습니다. 일반 소금보다 감칠맛이 더 깊은 함초소금은 짠맛의 정도는 약한 편입니다. '참치액젓'이라 표시된 조미료는 '주부천하 한라참치액'을 사용하였습니다. 이 책의 요리에 사용한 시판 조미료는 권말특집 〈요리하다 마트로 달려가지 않으려면 갖춰야 할 필수 양념〉(359쪽) 코너에 상세하게 소개하였습니다.
4. 1식 4찬의 하루 레시피를 설명하는 첫 페이지에는 〈Shopping Cart〉라는 코너를 두어 요리에 필요한 재료의 양과 구입가를 정리하였습니다. 재료별 가격은 독자들이 이런 메뉴로 4인 가족의 한 끼를 준비하는데 얼마가 드는지를 가늠하는 용도로 제시한 것입니다. 독자들이 요리하는 시점에 재료를 구입할 때 드는 비용은 구입처, 계절과 구입 수량, 그날의 시세 등에 따라 달라지기 때문에 이 책이 제시한 것과 차이가 발생할 수 있음을 밝힙니다. 구입할 재료는 설탕, 간장 등 기본양념들을 갖추었다는 전제하에 정리한 것입니다.
5. 레시피는 독자들이 양을 쉽게 가늠할 수 있도록 개, 통, 줌, 포기 등의 익숙한 단위를 사용하였으며 정확성을 높이기 위해 그램 등의 단위를 함께 적었습니다.

집밥 고민
해결하는

30일 레시피

건강해진 밥상
오리고기와 풍성한 채소가 만나

마트에 가면 '오늘은 또 뭘 해먹지?' 혼잣말로 푸념하는 엄마들을 자주 봅니다. 몸에 좋은 나물과 채소로만 식사를 준비하면, 고기반찬이 없다고 투정하는 아이들 때문에 엄마의 한숨은 더 깊어집니다. 이럴 때는 불포화지방산이 풍부해 성인병 예방에 도움이 되는 오리고기가 좋은 대안일 듯합니다. 오리고기의 느끼한 맛은 콩나물 김칫국과 오이 도라지 무침으로 덜어낼 수 있습니다. 거기에 향긋한 참나물 된장무침까지 더하면 고기와 채소가 균형 있게 어우러진 건강한 상차림이 완성됩니다.

1-Day

Shopping Cart

훈제 오리고기 밀쌈
훈제 오리고기 500g ·· 6,250원
당근 1/2개(100g) ········ 500원
양파 1/2개(100g) ········ 250원
대파 1/2대(40g) ········· 250원

콩나물 김칫국
콩나물 2줌(150g) ······· 750원
양파 1/2개(100g) ········ 250원
대파 1/2대(40g) ········· 250원
홍고추 1/4개(2.5g) ······· 25원

오이 도라지 무침
오이 1개(200g) ·········· 600원
도라지 2~3뿌리(50g) ·· 1,200원
양파 1/4개(50g) ········· 125원

참나물 된장무침
참나물 150g ·········· 1,500원
홍고추 1/4개(2.5g) ······· 25원

 합계 : 11,975원

오리와 밀쌈의 담백한 조화
훈제 오리고기 밀쌈

오리고기는 불포화지방산을 함유하고 있어 심장질환에 좋으며 빈혈 예방에도 도움이 됩니다. 특히 칼슘이 풍부해서 아이들에게 많이 먹이는 고기 중 하나죠. 일반적으로 훈제 오리고기는 새콤하게 절인 무에 많이 싸먹는데, 밀전병을 곁들이면 색다르고 고급스러운 요리로 변합니다. 또 밀전병과 함께 먹으면 밥을 먹지 않아도 속이 든든합니다.

/ *Recipes* /

재료(4인분)

훈제 오리고기	500g
당근	1/2개(100g)
양파	1/2개(100g)
대파	1/2대(40g)
식용유	1작은술

밀전병

밀가루	28큰술
물	400ml
쑥가루	1/2작은술
백년초가루	1/2작은술
단호박가루	1/2작은술
소금	약간

소스

머스터드소스	2큰술
레몬즙	1작은술
올리고당	1작은술
간장	1/2작은술
들깻가루	1작은술

1. 밀가루에 분량의 물과 소금을 넣고 섞어 **밀전병** 반죽을 만듭니다. 반죽은 4개의 그릇에 나눠 담고 각각 쑥, 백년초, 단호박 가루를 넣어 색깔을 냅니다.

2. 프라이팬을 달군 다음 식용유를 1작은술 두르고 반죽을 숟가락으로 떠 넣고 동그랗게 펴주며 부칩니다.

3. 당근, 양파, 대파는 얇게 채 썹니다. 당근은 프라이팬에 기름을 두르지 않고 살짝 볶습니다.

4. 훈제 오리고기를 한입 크기로 잘라 프라이팬에 살짝 구워냅니다. 넓은 접시에 썰어둔 채소, 밀전병, 구운 훈제 오리고기를 함께 담아내고 **소스**를 곁들입니다.

밀전병 반죽은 부침개 반죽보다는 묽게 해야 얇게 부칠 수 있어요. 밀전병을 한입 크기로 부치는 게 힘들면 얇고 넓게 부친 다음 잘라 먹거나, 이마저도 귀찮다면 라이스페이퍼를 사용해도 좋습니다.

답답한 속이 뻥 뚫리는
콩나물 김칫국

한국 사람이라면 다 좋아하는 콩나물 김칫국. 남편이 술 마시고 들어온 다음 날 숙취 해소용으로, 기름진 음식을 많이 먹은 다음 날 개운한 아침 국으로 참 좋아요. 멸치와 다시마를 넣어 국물을 내면 더욱 깊은 맛을 낼 수 있습니다.

/ Recipes /

재료(4인분)

콩나물	2줌(150g)
신 김치	1/4포기(200g)
양파	1/2개(100g)
국물용 멸치	7~8마리(10g)
다시마(5×5cm)	2장
물	1.6L
국간장	1큰술
참치액젓	1과 1/2큰술
다진 마늘	1큰술
대파	1/2대(40g)
홍고추	1/4개(2.5g)
청양고추	1개(8g)

1. 냄비에 물, 국물용 멸치, 다시마를 넣고 센불에서 5분간 끓인 다음, 팔팔 끓으면 멸치와 다시마를 건져냅니다.

2. 김치는 속을 털어내고 먹기 좋은 크기로 썰어 둡니다.
   국이나 찌개에 들어가는 김치는 속을 털어내야 국물이 맑고 깨끗합니다.

3. **1**에 콩나물, 김치, 굵게 채 썬 양파를 넣고 냄비 뚜껑을 닫은 다음 센불로 10분, 중불로 10분 푹 끓입니다.

4. 국간장, 참치액젓, 다진 마늘, 어슷하게 썬 대파를 넣고 다시 한소끔 끓입니다. 홍고추와 청양고추는 어슷하게 썰어뒀다가 고명으로 얹어냅니다.

 1
 2
 3
 4

味수다
콩나물을 끓일 때는 뚜껑을 닫고 팔팔 끓여야 비린내가 나지 않습니다. 비린내를 유발하는 효소가 물이 끓는 온도보다 낮은 85도 근처에서 가장 활발하게 작용하기 때문이지요. 뚜껑을 덮은 상태에서 콩 비린내가 아니라 구수한 향이 올라오면 콩나물이 알맞게 익은 거예요. 콩나물 김칫국에 김치나 김칫국물의 양이 너무 많으면 국물에서 쓴맛이 날 수도 있으니 조심해야 합니다.

집 나간 입맛을 되찾아주는 새콤 쌉싸래한
오이 도라지 무침

오늘은 상큼한 오이와 쌉싸래한 도라지를 새콤달콤한 양념에 무쳐 볼 거예요. 오이는 수분이 많고 칼로리(100g당 9칼로리)가 매우 낮아서 다이어트에도 그만이죠. 오이만 무쳐도 맛있지만, 도라지나 데친 오징어를 넣으면 맛이 더 좋아집니다.

/ *Recipes* /

재료(4인분)

도라지	2~3뿌리(50g)
오이	1개(200g)
굵은 소금	3작은술
양파	1/4개(50g)
참깨	1작은술

양념

고춧가루	1큰술
다진 마늘	1작은술
설탕	1작은술
고추장	1작은술
소금	약간
2배 식초	2작은술

1. 도라지는 굵은 소금 1작은술을 넣고 조물조물 주물러 씻은 다음 먹기 좋은 크기로 찢어놓습니다.

2. 오이는 굵은 소금 1작은술로 껍질을 문질러 씻은 다음, 반을 갈라 어슷하게 썰어 놓습니다.
   썰어 놓은 오이에 굵은 소금 1작은술을 넣고 30분 정도 절인 다음, 물에 2번 헹굽니다.

3. 오이와 도라지는 물기를 꼭 짜고, 양파는 채 썰어 둡니다.

4. **3**에 **양념**을 넣고 조물조물 무친 다음 마지막에 참깨를 뿌립니다.

오이는 소금물에 충분히 절인 다음 물기를 꼭 짜야 속까지 양념이 잘 스며듭니다. 껍질을 벗기지 않은 도라지를 샀다면 먼저 도라지를 물에 담가두세요. 30분 정도 불린 도라지는 모기장처럼 생긴 양파망으로 문질러주면 껍질을 손쉽게 벗길 수 있습니다.

오이 도라지 무침

향긋한 향과 구수한 맛이 일품인
참나물 된장무침

향긋함이 입맛을 돋우는 참나물 된장무침이에요. 먹성 좋은 큰아들이 한 젓가락 크게 집어가면 조금 허무해지기도 하는 반찬입니다. 참나물을 구수한 시골된장과 참기름으로 조물조물 무치면 향긋함이 죽지 않고 잘 살아 있어요. 양념을 강하게 하면 참나물 향이 죽어버리니 최소한의 양념만 넣으세요.

/ Recipes /

재료(4인분)

참나물	150g
굵은 소금	약간
된장	2작은술
다진 마늘	1작은술
홍고추	1/4개(2.5g)
참깨	1작은술
들기름	1작은술

1. 참나물은 줄기와 잎을 분리해 놓습니다.

2. 끓는 물에 소금을 넣고 다듬어 놓은 참나물 줄기를 넣습니다. 1분 정도 지나면 참나물 잎을 마저 넣고 1분간 더 데칩니다.

3. 데친 참나물은 찬물에 헹군 다음 물기를 꼭 짭니다.

4. 참나물에 된장과 다진 마늘을 넣고 양념이 잘 배어들도록 조물조물 무칩니다. 무친 나물에 채 썬 홍고추, 참깨, 들기름을 넣고 다시 한 번 무쳐냅니다.

味수다 참나물은 줄기 쪽이 잎에 비해 뻣뻣해요. 그래서 한 번에 데치지 말고 줄기와 잎을 자른 다음 끓는 물에 줄기를 먼저 넣고 줄기가 거의 다 데쳐지면 잎을 넣어 데칩니다. 나물의 식감은 데치는 정도에 따라 달라지니 만져본 다음 취향에 따라 조절하는 것이 좋습니다. 참고로 참나물은 연해서 살짝 데치는 편이 좋습니다.

봄맞이 상차림

봄날의 싱그러움을 머금은

2-Day

봄철에 어울리는 식단으로 밥상을 차려봤어요. 쑥과 쪽파는 봄이 제철인 식재료이기 때문에 봄에 요리해 먹으면 맛이 더욱 좋습니다. 따스한 바람이 살랑살랑 불어오는 봄날, 가족들과 함께 봄맛에 흠뻑 취해보세요.

Shopping Cart

쑥 들깻국
쑥 1줌(50g) ············ 1,000원
두부 1/3모(100g) ········· 500원
대파 1/2대(40g) ·········· 250원
양파 1/2개(100g) ········· 250원
홍고추 1/2개(5g) ·········· 50원

단호박 제육볶음
돼지고기 앞다리살 600g ········ 8,400원
단호박 1/5통(150g) ········ 500원
양파 1/2개(100g) ········· 250원
대파 1대(75g) ············ 500원
당근 1/2개(100g) ········· 500원

양파 두부 조림
두부 1과 1/2모(450g) ···· 2,250원
양파 1/2개(100g) ········· 250원
부추 약간(10g) ··········· 100원
청고추 1개(10g) ··········· 100원
홍고추 1개(10g) ··········· 100원
대파 1/2대(40g) ·········· 250원

쪽파 진미채 무침
쪽파 1/2단(230g) ········· 500원
진미채 1줌(80g) ·········· 3,000원
양파 1/2개(100g) ········· 250원

합계 : 19,000원

노란 단호박이 들어가 더 달콤한
단호박 제육볶음

노란 속살의 단호박을 보면 봄철에 만개한 개나리가 떠올라요. 단호박은 베타카로틴이 풍부해 눈 건강에 좋은 식품입니다. 하루 종일 책과 씨름하느라 눈이 피곤할 아이들에게 단호박과 돼지고기를 볶아주니 달콤한 고구마 맛이 난다고 좋아하네요. 단호박 제육볶음은 남편 술안주로도 종종 내놓는 반찬입니다.

/ Recipes /

재료(4인분)

돼지고기 앞다리살	600g
단호박	1/5통(150g)
양파	1/2개(100g)
당근	1/2개(100g)
대파	1대(75g)

양념

고추장	5큰술
간장	2큰술
다진 생강	1큰술
다진 마늘	2큰술
설탕	2큰술
올리고당	1큰술

1. 단호박, 양파, 당근, 대파는 채 썰어 준비합니다.

2. 분량의 **양념** 재료를 섞어 양념장을 만들어둡니다.

3. **2**에 돼지고기 앞다리살을 넣고 조물조물 무치다가 단호박과 양파를 넣고 무친 다음, 냉장고에서 하루 동안 숙성시켜주세요. 시간이 없으면은 1시간 정도 재워두었다가 요리합니다.

4. 숙성된 고기를 프라이팬에 볶아줍니다. 고기가 익으면 채 썰어 놓은 당근, 대파를 넣고 볶아줍니다.

단호박은 껍질이 단단해서 쉽게 잘리지 않아요. 남자보다 힘이 세다는 아줌마인 저 역시 단호박을 쪼개다가 손을 베일 뻔한 경험이 있습니다. 껍질을 깨끗하게 씻은 단호박은 전자레인지에서 10분 정도 익히면 쉽게 쪼갤 수 있습니다. 요리하고 남은 단호박은 큼직하게 조각내서 한쪽씩 종이 포일로 싼 다음 냉동 보관하면 수분이 마르지 않아 맛있게 드실 수 있습니다. 단호박은 고구마보다 단단해서 충분히 익혀야 단맛을 느낄 수 있고 식감도 좋아집니다.

입안 가득 전해지는 봄 향기
쑥 들깻국

봄이면 산과 들에 쑥이 가득해요. 시골에 계신 어머니는 봄이 되면 늘 쑥을 뜯어 쑥개떡을 해주셨어요. 직접 뜯은 쑥은 파는 쑥과는 향 자체가 달랐습니다. 쑥은 비타민과 무기질이 풍부해 피로 회복과 숙취 해소에 좋은 식품이에요. 나른한 봄에 꼭 먹어야 할 식품이지요. 향긋한 쑥에 된장 한 술 크게 푹 떠넣고 보글보글 끓이면 봄철에만 먹을 수 있는 별미를 즐길 수 있습니다.

/ Recipes /

재료(4인분)

국물용 멸치	7~8마리(10g)
다시마(5x5cm)	2장
물	1.2L
된장	2큰술
쑥	1줌(50g)
들깻가루	1큰술
참치액젓	1큰술
대파	1/2대(40g)
다진 마늘	1큰술
양파	1/2개(100g)
홍고추	1/2개(5g)
두부	1/3모(100g)

1. 냄비에 국물용 멸치, 다시마, 물을 넣고 육수를 끓여주세요. 육수가 끓고 나면 멸치와 다시마는 건져냅니다.

2. **1**에 된장을 풀고 쑥을 넣은 다음 3분간 끓입니다.

3. 들깻가루, 참치액젓, 어슷하게 썬 대파, 다진 마늘을 넣고 3분간 더 끓여줍니다.

4. 채 썬 양파, 어슷하게 썬 홍고추, 한입 크기로 썬 두부를 넣고 한소끔 끓여 마무리합니다.

 1
 2
 3
 4

봄철에 가족들과 야외로 나들이를 가게 되면, 쑥을 뜯어 보세요. 채취한 쑥은 농약이나 제초제가 묻어 있을지도 모르니 반드시 여러 번 씻습니다. 데친 쑥은 한 끼 분량씩 지퍼백에 넣어 얼려두세요. 이렇게 보관하면 사계절 내내 쑥을 이용한 요리를 해 먹을 수 있습니다. 쑥을 말렸다가 보자기에 싸서 목욕물에 우리면 피부 미용에 도움이 됩니다.

재료비 부담, 시간 부담 없는 건강 반찬
양파 두부 조림

겨울이 지나고 봄이 되면 왠지 모르게 몸이 나른해지죠. 두부조림은 장 흡수율이 좋아서 원기 회복에도 좋고, 재료도 싸고 간단해서 누구나 쉽게 만들어 먹을 수 있는 건강 반찬입니다. 두툼한 손두부를 노릇노릇하게 부쳐 걸쭉한 양념장에 조려내면 짭조름한 두부 반찬이 완성됩니다.

/ Recipes /

재료(4인분)

양파	1/2개(100g)
홍고추	1개(10g)
청고추	1개(10g)
두부	1과 1/2모(450g)
부추	약간(10g)
대파	1/2대(40g)
식용유	1큰술

양념

간장	3큰술
고춧가루	1큰술
설탕	1/2큰술
다진 마늘	1큰술
물	200ml
참치액젓	1/2큰술

1. 양파는 채 썰고 홍고추, 청고추는 어슷하게 썰고 두부는 납작하게 썰어 준비합니다.

2. 프라이팬을 달군 다음 식용유를 두르고 두부를 노릇노릇하게 부칩니다.

3. **양념** 재료를 섞어 양념장을 만든 다음 두부 위에 양파와 함께 얹습니다. 프라이팬 바닥에 있는 양념장을 끼얹어가며 중불에서 5분간 조립니다.

4. 불을 약불로 바꾼 다음 부추, 홍고추, 청고추를 넣고 5분간 뚜껑을 덮은 채 조립니다.

두부조림은 단단한 두부로 요리해야 차지고 맛있습니다. 마트에서 파는 두부는 대체로 부드러우니 조림용이라면 시장에서 파는 판두부가 더 적합합니다. 요리하고 남은 두부는 밀폐용기에 넣고 두부가 잠길 만큼 생수를 부어 보관합니다. 물을 이틀에 한 번씩 갈아주면 최대 열흘 정도 보관할 수 있지만, 두부는 갓 만들었을 때가 가장 맛이 좋으니 너무 오래 보관하지는 마세요.

알싸함과 달콤한 맛이 일품인
쪽파 진미채 무침

3월이 제철인 쪽파는 가을에 나는 쪽파보다 달콤한 맛이 더 납니다. 봄 쪽파에 아이들도 좋아하는 진미채를 넣어 밑반찬으로 만들어보았습니다. 쪽파가 제철인 3월에 김치 통 한가득 만들어 김치냉장고에 넣어두면, 약 두 달 정도 맛이 변하지 않아 두고두고 먹을 수 있습니다.

/ Recipes /

재료(4인분)

쪽파	1/2단(230g)
양파	1/2개(100g)
진미채	1줌(80g)

찹쌀풀

물	200ml
찹쌀가루	3큰술

양념

고춧가루	6큰술
조청	2큰술
다진 마늘	2큰술
참깨	1큰술
까나리액젓	7큰술

1. 쪽파를 깨끗이 씻어 하루 동안 햇볕이 안 드는 실내에서 말려줍니다.

2. 물과 찹쌀가루를 섞어 냄비에 넣은 다음 약불에서 끓여주세요. 바닥이 타지 않게 잘 저어주면서 끓이다가 풀처럼 되직해지면 불을 끕니다.

3. 완성된 **찹쌀풀**을 잠시 식힌 다음 **양념**과 골고루 섞어주세요.

4. 쪽파를 양념에 넣고 뒤적뒤적 버무리다가, 진미채와 채 썬 양파를 넣고 한 번 더 버무립니다.

味수다 쪽파를 씻어서 하루 정도 실내에서 말려주면 수분이 줄어들어 나중에 물이 덜 생기고 양념이 쪽파에 잘 달라붙어요. 찹쌀풀은 양념과 파의 접착제 역할을 합니다. 집에 찹쌀가루가 없을 경우 밀가루로 풀을 쑤어도 됩니다.

쪽파 진미채 무침

저칼로리 밥상
배부르게 먹어도 살찔 염려 없는

아이들이 좋아하는 고기반찬으로만 밥상을 차리면 칼로리가 늘 걱정이죠. 칼로리도 낮고 맛있는 식단으로 맛과 건강을 모두 챙겨보세요. 불고기와 채소를 곁들여 샐러드를 만들면 평소에 샐러드라면 손도 안 대던 아이도 맛있게 한 그릇 뚝딱 비워냅니다. 함께 곁들인 반찬들도 칼로리는 낮고 포만감을 줘서 부담 없는 한 끼로 손색 없습니다.

3-Day

• Shopping Cart •

| 홍합 뭇국 |
홍합 500g ········· 2,000원
무 1/4토막(200g) ········· 300원
대파 1/2대(40g) ········· 250원
홍고추 1/2개(5g) ········· 50원
청양고추 1개(8g) ········· 100원
양파 1/2개(100g) ········· 250원

| 불고기 샐러드 |
한우 불고기감 200g ········· 7,000원
사과 1/6개(30g) ········· 170원
오이 1/6개(30g) ········· 100원
양파 1/10개(20g) ········· 50원
자색양파 1/10개(20g) ········· 50원
어린잎채소 1줌(50g) ········· 875원

| 감자볶음 |
감자 1개(150g) ········· 500원
당근 1/6개(30g) ········· 166원
양파 1/6개(30g) ········· 80원
피망 1/4개(25g) ········· 300원

| 애호박 가지 구이 |
애호박 1/2개(120g) ········· 600원
가지 2/3개(100g) ········· 600원

 합계 : 13,441원

속 푸는 데 안성맞춤
홍합 뭇국

홍합과 무를 넣어 시원하게 국을 끓여보세요. 홍합살을 골라 먹는 재미에 아이들도 좋아하고, 남편이 술 먹고 들어온 다음 날 해장국으로도 그만입니다. 홍합 뭇국에 얼큰한 청양고추 한 개 썰어 넣으면 매콤한 끝 맛이 입안을 개운하게 해줍니다. 홍합은 간과 동맥경화, 고혈압 예방에 좋은 베타인 성분이 매우 풍부합니다. 특히 비만 예방에 효과가 있어 다이어트에도 좋은 식품입니다.

/ Recipes /

재료(4인분)

홍합	500g
무	1/4토막(200g)
대파	1/2대(40g)
홍고추	1/2개(5g)
청양고추	1개(8g)
양파	1/2개(100g)
마늘	3쪽(10g)
다시마(5×5cm)	1장
물	1.2L
소금	1작은술
참치액젓	1작은술
국간장	1큰술

1. 홍합은 수염을 손으로 뜯어서 제거합니다. 홍합끼리 비벼 바락바락 씻어준 다음 찬물에 3번 헹굽니다.

2. 무, 대파, 홍고추, 청양고추, 양파를 먹기 좋게 썰어 준비해주세요. 마늘은 편 썰어줍니다.

3. 무, 다시마, 물을 냄비에 넣고 센불에서 5분간 뚜껑을 덮은 채 끓여 주세요. 다시마는 건져내고 홍합, 마늘, 양파를 넣고 센불에서 3분간 끓여주세요.

4. 대파, 홍고추, 청양고추, 소금, 참치액젓, 국간장을 넣고 약불에서 3분간 끓여주세요.

味수다

홍합은 손질을 잘해야 하는 식재료예요. 홍합에 붙어 있는 수염을 잡아당겨서 끊어줘야 속에 있는 수염까지 잘 제거됩니다. 보이는 수염만 자르지 마시고 껍질 속에 숨어 있는 수염까지 잡아당겨서 끊어주는 게 중요해요. 또한 홍합은 스테인리스 볼이나 쌀 씻는 통에 넣고 쌀 씻듯이 바락바락 씻어주어야 잡냄새도 안 나고 국물도 개운해집니다.

달달한 불고기와 아삭아삭 채소가 어우러진
불고기 샐러드

사과와 어린잎채소를 넣어 불고기 샐러드를 만들어보았어요. 샐러드 드레싱은 초간장에 포도씨유와 씨겨자를 한 술 넣으면 간단하게 완성됩니다. 새콤한 장아찌 간장에 씨겨자를 넣어도 한국인 입맛에 잘 맞는 드레싱을 만들 수 있습니다. 불고기 샐러드는 기호에 따라 채소와 과일을 추가로 곁들이면 더 좋습니다.

/ Recipes /

재료(4인분)

소고기 불고기감	200g
사과	1/6개(30g)
오이	1/6개(30g)
양파	1/10개(20g)
자색양파	1/10개(20g)
어린잎채소	1줌(50g)

불고기 양념

간장	1큰술
설탕	2/3큰술
미림	1작은술
다진 마늘	1작은술
참기름	1작은술
양파즙	2큰술
후추	약간

샐러드 드레싱

씨겨자	1큰술
레몬즙	1큰술
간장	2큰술
설탕	1과 1/2큰술
식초	1큰술
포도씨유	1작은술

1. 고기에 **불고기 양념**을 넣고 버무려 냉장고에서 하루 동안 재워둡니다.

2. 양파, 사과, 오이를 깨끗이 씻은 다음 채 썰어 줍니다.

3. 어린잎채소는 얼음물에 담가뒀다가 물기를 뺍니다.

4. 프라이팬에 고기를 볶다가 국물이 생기면 고기를 꺼낸 다음, 국물을 조린 후에 다시 고기를 넣고 살짝 볶아줍니다.
   샐러드 드레싱을 섞어 불고기 위에 준비해둔 채소와 함께 얹습니다.

味수다 불고기 샐러드 만든 재료로 샐러드 비빔밥을 만들 수 있습니다. 샐러드를 만들 때보다 불고기 양념을 두 배로 만들어, 반은 고기를 재워 굽고 반은 견과류를 1큰술 다져 넣고 끓입니다. 밥 위에 불고기, 채소, 견과류 넣고 끓인 양념을 얹으면 맛있는 샐러드 비빔밥이 완성됩니다.

포슬포슬 맛있게 볶아진
감자볶음

감자볶음은 한국 사람이면 누구나 좋아하는 국민 반찬입니다. 조리법도 간단하고 감자를 포함한 몇 가지 채소만 있으면 뚝딱 만들 수 있어서, 저희 집 밥상에도 자주 오릅니다. 감자는 소화를 돕고 열량도 높지 않아 다이어트에도 제격입니다.

/ *Recipes* /

재료(4인분)

감자	1개(150g)
당근	1/6개(30g)
양파	1/6개(30g)
피망	1/4개(25g)
식용유	1작은술
다진 마늘	1작은술
물	1큰술
소금	1작은술
참기름	1작은술
참깨	1/2작은술

1. 감자, 당근, 양파, 피망을 채 썹니다. 이때 딱딱한 당근은 감자보다 조금 얇게 채 썰어주세요.

2. 채 썬 감자를 찬물에 5분 정도 담가 전분기를 뺀 다음, 체에 밭쳐 물기를 완전히 뺍니다.

3. 프라이팬에 식용유를 두르고 약불에서 감자와 다진 마늘을 볶다가, 프라이팬 뚜껑을 덮고 익힙니다.

4. 감자가 살짝 투명해지면 당근, 양파, 피망, 물 1큰술을 넣고 볶다가 소금으로 간을 맞춥니다.
   불을 끄기 직전에 참기름과 참깨를 넣고 잘 섞어줍니다.

 1
 2
 3
 4

아삭한 감자볶음을 좋아하면 채 썬 감자를 물에 담가 전분기를 충분히 빼준 뒤 요리하세요. 부드러운 감자볶음을 좋아하면 물에 살짝 헹궈 전분기를 조금만 뺀 다음 바로 프라이팬에 볶아주세요.

칼로리 걱정 뚝!
애호박 가지 구이

애호박과 가지를 살짝 구워 양념장을 얹어봤어요. 전으로 먹었을 때보다 담백하고 칼로리도 낮아서 부담 없이 먹을 수 있습니다. 애호박에는 비타민 A와 C가 풍부하고 소화가 잘되기 때문에 어린아이 영양식과 이유식으로도 좋아요. 가지는 95%가 수분으로 이루어져 있어 몸의 열을 내려주고 노화방지 효과가 매우 뛰어납니다.

/ *Recipes* /

재료(4인분)

애호박	1/2개(120g)
가지	2/3개(100g)
다진 청양고추	1/2작은술
다진 홍고추	1/2작은술

양념장

간장	1큰술
설탕	1/2작은술
참깨	1/2작은술
다진 마늘	1/2작은술
참기름	1/2작은술
고춧가루	1/3작은술
식초	1/3작은술

1. **양념장** 재료를 준비합니다.

2. 청양고추, 홍고추를 잘게 다진 다음 양념장 재료와 섞어줍니다.

3. 호박을 0.5cm 두께로 동그랗게 썰어 프라이팬에 기름을 두르지 않고 구워줍니다.

4. 가지 역시 0.5cm 두께로 동그랗게 썰어 프라이팬에 기름을 두르지 않고 구워줍니다.
   애호박과 가지는 푹 익히는 것보다는 살짝 굽는 게 식감이 더 좋습니다.

> 프라이팬이나 오븐에 기름 없이 살짝 구운 애호박, 가지, 버섯 등의 채소는 몇 가지 채소와 드레싱을 추가해 샐러드로 변형할 수 있습니다. 가지를 0.5cm 두께로 길쭉하게 잘라서 기름 없이 구운 다음, 불고기를 얹어 돌돌 말아주면 한입에 쏙 들어가는 핑거푸드가 완성됩니다.

온기를 불어넣는 밥상

얼큰한 국물과 아삭한 채소로

4-Day

얼큰하고 시원한 국물의 동태찌개는 한국인이라면 누구나 사랑하는 국물 요리입니다. 동태는 혈액 순환과 숙취 해소 기능이 뛰어납니다. 몸이 찌뿌둥할 때 동태찌개 한 냄비 따끈하게 끓여 땀 흘리며 먹다 보면 온몸이 시원해집니다. 오늘 동태찌개와 함께 곁들이는 마늘종도 몸을 따뜻하게 하는 데 특출난 채소입니다.

Shopping Cart

| 동태찌개 |

동태 1마리(570g)	3,900원
무 1토막(120g)	150원
대파 1/4대(20g)	125원
홍고추 1개(10g)	100원
청고추 1/2개(5g)	100원
두부 1/2모(150g)	750원
양파 1/4대(60g)	125원
애호박 1/2개(100g)	600원
쑥갓 약간	100원

| 고구마 줄기볶음 |

| 고구마 줄기 250g | 2,000원 |

| 탕평채 |

청포묵 1모(300g)	800원
달걀 3개	600원
소고기 60g	4,000원
미나리 1/2줌(30g)	500원
숙주 1줌(60g)	500원
조미김 1장	100원

| 마늘종 새우 볶음 |

마늘종 8~10줄기(130g)	780원
건새우 30g	3,000원
다진 홍고추 1/2큰술	50원

합계 : 18,280원

겨울을 대표하는 찌개
동태찌개

살을 에는 칼바람에 외투 깃 한껏 세우고 추위와 한바탕 싸우다 집에 들어왔을 때 주방에서 보글보글 찌개 끓는 소리가 들리면 반갑기 그지없습니다. 만약 냄비에 담긴 것이 얇게 저민 무와 살이 탱탱한 동태가 듬뿍 들어 있는 동태찌개라면 더할 나위 없겠죠. 얼큰하고 시원한 동태찌개 국물 한 숟가락 입에 넣으면 머리에서 발끝까지 따스함이 삽시간에 퍼집니다.

/ Recipes /

재료(4인분)

다시마(5x5cm)	2장
국물용 멸치	20마리(20g)
물	900ml
무	1토막(120g)
동태	1마리(570g)
두부	1/2모(15g)
애호박	1/2개(100g)
양파	1/4개(60g)
쑥갓	약간
대파	1/4대(20g)
청고추	1개(10g)
홍고추	1/2개(5g)

양념

다진 마늘	1큰술
까나리액젓	1큰술
매운 고춧가루	1과 1/2큰술
소금	1/2작은술
새우젓	1/2큰술
참치액젓	약간

1. 냄비에 다시마, 국물용 멸치, 물을 넣고 뚜껑 닫고 중불에서 5분간 끓입니다.

2. 다시마와 국물용 멸치는 건져내고, 나박 썬 무를 넣고 뚜껑을 닫고 무가 투명해질 때까지 중불에서 약 3분간 끓입니다.

3. **2**에 동태를 넣고 중불에 3분간 끓입니다. 국물이 끓는 동안 잡내가 나지 않도록 거품을 걷어냅니다.

4. **3**에 두부, 애호박, 양파를 먹기 좋게 썰어 넣고 한소끔 끓여줍니다. 마지막으로 쑥갓과 **양념**, 어슷하게 썬 대파와 청고추, 홍고추를 넣고 한 번 더 끓여줍니다.

味수다 실온에 둔 동태가 살짝 녹았을 때 표면을 칼로 살살 긁어주면서 손질해야 잡냄새가 없어집니다. 생태일 경우에는 소금에 살짝 절였다가 끓이면 살이 흐트러지지 않습니다. 동태 대가리는 안 먹더라도 꼭 넣고 끓이세요. 그래야 국물 맛이 진해집니다.

색감도 식감도 곱디고운
탕평채

살짝 데친 보들보들한 청포묵을 소고기, 달걀 지단, 채소와 함께 내어보세요. 색감도 예쁘고 식감도 좋아서 아이와 어른 모두가 좋아합니다. 큰 접시에 보기 좋게 담아서 앞접시와 함께 손님상에 내면 한몫 단단히 하는 요리입니다.

/ Recipes /

재료(4인분)

청포묵	1모(300g)
달걀	3개
소고기	60g
숙주	1줌(60g)
미나리	1/2줌(30g)
조미김	1장
참기름	1큰술
소금	1/3작은술

소고기 양념

간장	1/2큰술
참깨	1/2큰술
설탕	1작은술
참기름	1작은술
후추	조금

1. 소고기는 채 썰어서 **소고기 양념**에 조물조물 무친 다음 볶아줍니다.

2. 끓는 물에 채 썬 청포묵을 넣고 투명해지면 바로 건집니다.

3. 숙주는 머리와 꼬리를 떼어내고, 미나리는 줄기 부분만 5~6cm 길이로 잘라 데칩니다.
   달걀은 노른자만 분리해서 소금 1/3작은술을 넣고 잘 섞어 부친 다음 얇게 채 썰어 준비합니다.

4. 청포묵과 채소를 예쁘게 담고 김을 가늘게 썰어 얹습니다.

1

2

3

4

하얗고 탱글탱글한 청포묵은 녹두로 만든 묵입니다. 청포묵은 끓는 물에 한 번 데쳐야 부드럽고 채 썰었을 때 뚝뚝 끊어지지 않습니다.
달군 프라이팬에 식용유를 한 방울 두르고 키친타월로 프라이팬을 닦아낸 후 달걀물을 부으면 달걀 지단이 곱게 부쳐집니다.

완벽한 영양 궁합
마늘종 새우 볶음

아삭아삭한 식감에 매콤한 맛을 내는 마늘종은 마늘의 좋은 성분을 그대로 담고 있으면서도 마늘보다 맛이 부드러워서 누구나 부담 없이 먹을 수 있는 채소입니다. 마늘종은 건새우와 궁합이 가장 잘 맞습니다. 마늘종에 부족한 단백질과 칼슘을 건새우가 보충해주기 때문이지요. 따뜻한 성질의 마늘종은 혈액 순환에 도움을 줘서 손발이 찬 분들에게 특히 좋습니다.

/ Recipes /

재료(4인분)

간장	2큰술
아가베시럽(또는 올리고당)	1큰술
포도씨유	1/2큰술
건새우	30g
마늘종	8~10줄기(130g)
다진 홍고추	1/2큰술
마늘	5쪽(20g)
참깨	1큰술

1. 냄비에 간장과 아가베시럽을 넣고 약불에서 살짝 조립니다.

2. 건새우는 포도씨유를 두른 프라이팬에 살짝 볶아 잡냄새를 잡아주세요.

3. **1**에 5~6cm 길이로 자른 마늘종과 편 썬 마늘을 넣고 약불에서 3분간 볶아주세요.

4. **3**에 볶은 새우와 다진 홍고추를 넣고 불을 끈 상태에서 남은 열로 볶아주세요.
   마지막으로 참깨를 뿌려서 마무리합니다.

味수다 마늘종을 먼저 양념에 조려준 다음 건새우를 넣고 살짝 볶아야 마늘종에 간이 배고 새우는 바삭바삭 고소해집니다. 마늘종과 새우를 동시에 볶으면 새우에만 양념이 흡수돼서 마늘종은 싱겁고 새우는 짜질 수 있습니다.

마늘종 새우 볶음

식이섬유 듬뿍
고구마 줄기볶음

고구마는 뿌리부터 줄기, 잎까지 버릴 것이 하나도 없습니다. 고구마뿐만 아니라 고구마 줄기도 식이섬유가 풍부합니다. 고구마 줄기를 아삭하게 볶아 놓으면 채소를 좋아하는 막내아들의 젓가락질이 유난히 바빠집니다. 그래서일까요? 고구마 줄기를 좋아하는 막내 아들이 화장실에서 고생하는 모습은 한 번도 본 적이 없습니다.

/ Recipes /

재료(4인분)

껍질 벗긴 고구마 줄기	250g
다진 마늘	1큰술
간장	1/2큰술
참치액젓	1큰술
포도씨유	1/2큰술
들기름	1/2큰술
참깨	2작은술
소금	약간

1. 끓는 물에 껍질 벗긴 고구마 줄기를 넣고 중불에서 1~2분간 데칩니다.

2. 데친 고구마 줄기를 먹기 좋게 썰어주세요.

3. 고구마 줄기를 다진 마늘, 간장, 참치액젓, 포도씨유에 조물조물 무친 다음 중불에서 3분간 볶아주세요.

4. 4에 들기름과 참깨를 넣고 한 번 더 볶다가 소금으로 간을 맞춥니다.

1

2

3

4

味수다

행상을 나온 할머니들이 고구마 줄기 다듬는 모습을 본 적 있으신가요? 부드러운 고구마 줄기를 먹으려면 일일이 껍질을 벗겨야 합니다. 고구마 줄기를 소금물에 담가두면 껍질이 잘 벗겨지지만, 시간이 오래 걸리고 손톱 끝이 새카맣게 물드는 것을 감수해야 합니다. 요즘에는 마트 나물 코너에 껍질 벗긴 고구마 줄기를 항상 갖춰 두니 바쁘실 때는 나물 코너를 이용하세요.

보양 밥상

뜯고 씹고 맛보면 약이 되는

5-Day

바쁘게 생활하다 보면 건강을 잃기 쉬워요. '약식동원'(藥食同源 : 약과 음식은 근원이 같다)이라는 말이 있지요. 이럴 때일수록 집밥의 힘이 중요한 것 같아요. 우리 가족 건강을 책임져줄 든든한 밥상을 소개합니다. 원기 회복은 물론 각종 질병 예방에 좋은 요리들로 알차게 구성했습니다.

Shopping Cart

| 등갈비 김치찌개 |
등갈비 300g ·············· 6,000원
양파 1/2개(100g) ········· 250원

| 꼬막무침 |
꼬막 500g ·············· 6,000원

| 도라지나물 |
깐 도라지 8~10뿌리(160g)
················· 4,500원

| 돼지고기 숙주 볶음 |
잡채용 돼지고기 150g ·· 2,500원
청피망 1/4개(25g) ········ 300원
홍피망 1/4개(25g) ········ 300원
노란피망 1/4개(25g) ······ 300원
숙주 1줌(60g) ············ 500원
양파 1/2개(100g) ········· 250원

 합계 : 20,600원

뜯는 맛이 일품인
등갈비 김치찌개

김치찌개는 한국 사람이라면 누구나 좋아하는 찌개죠. 묵은 김치와 등갈비를 넣고 바글바글 조리듯이 끓이면 고기에 김칫국물이 배어서 더 맛있는 김치찌개를 맛볼 수 있습니다. 갓 지은 밥에 김치 한 점 얹어 먹고 등갈비 뜯는 재미도 느껴보세요. 익숙한 김치찌개 파트너인 돼지고기 목살 대신 등갈비로 조금만 변화를 줘도 밥상이 신선해집니다.

/ Recipes /

재료(4인분)

등갈비	300g
물	1L
생강	1쪽
(또는 생강가루	1작은술)
미림	2큰술
월계수잎	1장
다시마(5x5cm)	1장
식용유	1작은술
신 김치	3/4포기(600g)
양파	1/2개(100g)

양념

다진 마늘	1큰술
참치액젓	1작은술
소금	1/2작은술
설탕	1/2작은술
2배 식초	1큰술
들기름	1작은술

1. 등갈비를 물에 1시간 동안 담가서 핏물을 빼냅니다.

2. 냄비에 등갈비와 물, 생강, 미림, 월계수잎, 다시마를 넣고 1시간 정도 끓입니다. 등갈비가 익으면 꺼내서 찬물에 헹궈 기름을 씻어냅니다.

3. 냄비에 식용유를 두르고 김치와 등갈비를 중불에서 5분간 볶다가, 물 200ml를 넣고 뚜껑을 닫은 채 5분간 더 끓여줍니다.

4. 채 썬 양파와 물 800ml를 넣고 김치가 투명해질 때까지 끓입니다. 다진 마늘, 참치액젓, 소금, 설탕을 넣고 조금 더 끓이다가, 식초 1큰술과 들기름 1작은술을 넣고 한소끔 더 끓여 마무리합니다.

1

2

3

4

味수다
묵은지가 없으면 익은 김치로 찌개를 끓이다가 마지막에 2배 식초를 1큰술 넣어주면 새콤한 맛을 느낄 수 있습니다. 찌개에서 신맛과 씁쓸한 맛이 강하게 느껴질 땐 설탕을 넣어주면 신맛이 살짝 중화됩니다. 월계수잎 대신 통마늘을 넣고 삶아도 등갈비 냄새를 제거할 수 있습니다.

등갈비 김치찌개

천연 미세먼지 필터 한 접시
돼지고기 숙주 볶음

요즘 시도때도없는 미세 먼지 때문에 기관지염을 앓는 사람들이 많아졌습니다. 환절기만 되면 콜록거리는 두 아들 때문에 저도 걱정이 많습니다. 이럴 때 숙주나물을 요리해서 내놓으면 마음이 한결 놓입니다. 숙주는 이뇨 작용을 원활하게 해 몸속에 들어온 중금속 배출에 효과적이고, 식이섬유가 풍부해 변비 예방에도 좋습니다.

/ Recipes /

재료(4인분)

잡채용 돼지고기	150g
청피망	1/4개(25g)
홍피망	1/4개(25g)
노란피망	1/4개(25g)
양파	1/2개(100g)
숙주	1줌(60g)
식용유	1작은술
소금	1/2작은술
간장	1작은술
다진 마늘	1작은술
설탕	1/2작은술
참기름	1/2작은술

돼지고기 밑간

소금	1/2작은술
미림	1작은술
생강즙	1작은술
후추	약간

1. 돼지고기를 **밑간**해서 30분간 재워둡니다.

2. 피망, 양파는 채 썰어고 숙주는 깨끗이 씻은 다음 물기를 뺍니다.

3. 프라이팬에 식용유를 두르고 돼지고기를 볶아줍니다.

4. 돼지고기가 익으면 양파, 피망, 숙주 순으로 넣고 볶다가, 숙주가 살짝 숨이 죽으면 소금, 간장, 다진 마늘, 설탕, 참기름을 넣고 볶아줍니다.

돼지고기 숙주 볶음은 채소의 아삭한 맛을 살리는 게 포인트예요. 채소를 너무 익히면 식감이 떨어지기 때문에 고기, 양파, 피망, 숙주 순으로 살짝살짝 볶아주세요. 녹두의 어린싹을 숙주라고 하지요. 쉽게 상한다고 해서 조선시대 변절자의 대명사 '신숙주'의 이름을 붙였다고 합니다. 숙주나물은 하루만 지나도 맛이 변하니, 한 끼에 먹을 만큼만 요리하는 것이 좋습니다.

갯벌 내음을 품은
꼬막무침

철분과 각종 무기질이 풍부한 꼬막을 살짝 데쳐서 양념장을 얹으면 맛있는 꼬막무침이 완성됩니다. 서해 바다가 고향인 남편은 꼬막에 양념장을 얹지 않고도 한 접시를 뚝딱 해치웁니다. 꼬막에는 단백질과 비타민, 필수 아미노산이 균형 있게 들어 있어 성장기 아이에게 좋습니다. 또 빈혈 예방에도 효과가 있다고 하니 우리 가족 건강 지킴이 반찬으로 손색 없겠죠?

/ Recipes /

재료(4인분)

꼬막 ·················· 500g

양념장

간장 ·················· 2큰술
다진 양파 ············ 1큰술
다진 마늘 ············ 1작은술
다진 대파 ············ 1큰술
설탕 ·················· 1작은술
참깨 ·················· 1작은술
참기름 ················ 1작은술
고춧가루 ············· 1작은술

1. 볼에 꼬막과 물을 넣고 바락바락 씻어주세요.
   꼬막 껍질이 깨끗해질 때까지 물을 갈아가며 이 과정을 반복합니다.

2. 냄비에 꼬막과 꼬막이 잠길 정도의 물을 붓고, 한 방향으로 휘휘 저어가면서 센불에서 한소끔 끓입니다. 꼬막을 저어줘야 나중에 껍질을 뗐을 때 꼬막살이 한쪽 껍질에만 붙어 있습니다.

3. 입을 벌린 꼬막이 보이면 불을 끄고 체에 밭쳐 물기를 뺍니다.

4. 꼬막 껍질은 살이 없는 한쪽만 제거하고, 꼬막 안에 있는 불순물은 물에 헹궈서 빼냅니다.
   양념장 재료를 잘 섞어 꼬막에 얹습니다.

1

2

3

4

味수다 꼬막은 해감하지 않고 바락바락 문질러 씻어야 냄새도 안 나고 깔끔해요. 꼬막은 너무 오래 끓이면 영양분이 빠져나가고 질겨져서 맛이 없습니다. 센불에서 한 번 우르르 끓이고 꼬막 껍질이 벌어지기 시작하면 불을 끄고 건져서 체에 밭쳐 물기를 뺍니다.

제사상 대표 나물
도라지나물

도라지나물은 제사상에 꼭 오르는 삼색나물 중 하나죠. 저는 쌉쌀한 맛이 좋아서 반찬으로 자주 해 먹습니다. 한약재로 사용되는 약용 식물인 도라지는 사포닌 성분이 풍부해서 기관지 건강에 좋습니다. 특히 기침이나 가래 등 감기 증상을 멎게 하는 효과가 있으니 집에 감기 환자가 있을 때 제격인 반찬이에요.

/ Recipes /

재료(4인분)

깐 도라지	8~10뿌리(60g)
굵은 소금	1큰술
물	1큰술
들기름	2작은술

양념

다진 마늘	2작은술
다진 대파	1작은술
들깻가루	2작은술
참치액젓	1작은술
소금	1/2작은술

1. 도라지를 6~7cm 길이에 0.3~0.4cm 두께로 손질합니다.

2. 도라지와 굵은 소금을 볼에 넣고 조물조물 주무른 다음 찬물에 3번 정도 헹궈주세요.

3. 도라지에 들기름 1작은술과 **양념**을 넣고 간이 잘 베도록 조물조물 무쳐줍니다.

4. 약불에서 도라지를 볶다가 물 1큰술을 넣고 5분간 은근히 볶아주세요. 불을 끄고 들기름 1작은술을 넣은 다음 섞어줍니다.

1

2

3

4

흙도라지가 저렴하고 맛도 좋지만, 소량만 필요할 때는 마트에서 깐 도라지를 사는 것이 훨씬 경제적이에요. 흙도라지가 많을 때는 '가정 상비약' 도라지조청을 만들어 보세요. 흙도라지는 깨끗이 씻은 다음 믹서에 곱게 갈아줍니다. 면 보자기로 즙만 걸러낸 다음 동량의 설탕을 넣고 양이 반이 될 때까지 졸이세요. 목이 칼칼하거나 기침이 나올 때 따뜻한 물에 도라지조청 한 스푼 타 먹으면 목이 개운해집니다.

장맛 가득한 밥상
장 냄새가 구수하게 피어오르는

어린 시절 어머니는 장독대에서 고추장 한 숟가락, 된장 한 숟가락 푹 퍼서 눈 깜짝할 새 맛있는 밥상을 차려내셨습니다. 오늘은 어머니 손맛을 흉내 내 장맛 가득한 밥상을 차려봤습니다. 현미밥에 구수한 청국장찌개와 오징어 무생채 넣고 쓱싹쓱싹 비벼서 입안 가득 채우고, 짭조름한 장떡 한입 베어먹으면 미소가 절로 새어 나옵니다. 어머니 식단에 '샬롯 훈제 오리고기 샐러드'라는 저만의 메뉴도 얹었습니다. 장맛으로 자칫 텁텁할 수 있는 입안을 새콤한 샐러드로 개운하게 마무리하기 위함이지요.

6-Day

Shopping Cart

| 차돌박이 청국장찌개 |
우리콩 청국장 180g ·· 4,500원
두부 2/3모(200g) ········ 1,000원
차돌박이 50g ············ 2,000원
무 1/5토막(130g) ········· 250원
대파 1/2대(40g) ············ 250원

| 오징어 무생채 |
무 2/5토막(300g) ········ 500원
쪽파 3줄기(30g) ·········· 50원
양파 1/2개(80g) ·········· 500원
오징어 1마리(200g) ···· 1,000원

| 방아잎 고추장떡 |
찰밀가루 130g ············ 250원
애호박 1/3개(60g) ········ 400원
양파 1/2개(100g) ·········· 250원
부추 1줌(50g) ············· 340원
홍고추 1개(10g) ············ 100원
청양고추 1개(8g) ·········· 100원
방아잎 10~20장(10~20g)
·································· 200원

| 샬롯 훈제 오리고기 샐러드 |
훈제 오리고기 100g ···· 1,000원
쌈채소 100g ············· 1,000원
견과류(잣) 1큰술 ········· 800원
크랜베리 1큰술 ·········· 450원
단호박 약간 ··············· 100원
샬롯 초절임 3알 ········ 1,000원

합계 : 16,040원

구수한 청국장에 차돌박이가 풍덩
차돌박이 청국장찌개

날씨가 쌀쌀해지면 친정어머니가 끓여주시던 청국장찌개가 생각납니다. 뚝배기에 청국장과 김장김치를 송송 썰어 넣고 바글바글 끓이면 구수한 맛이 일품이지요. 저는 우리콩으로 만든 고소한 청국장에 차돌박이를 넣어 아이들도 맛있게 먹을 수 있도록 끓여보았습니다. 차돌박이는 많이 넣으면 느끼하니 조금만 넣고, 청국장이 거의 다 끓었을 때 넣어서 살짝만 익혀야 질기지 않고 부드럽게 먹을 수 있습니다.

/ Recipes /

재료(4인분)

무	1/5토막(130g)
두부	2/3모(200g)
대파	1/2대(40g)
우리콩 청국장	180g
다시마(5x5cm)	1장
국물용 멸치	10마리(10g)
물	700ml
신 김치	70g
다진 마늘	2작은술
차돌박이	50g

1. 무는 나박하게 썰고 두부는 납작하게 썰어주세요. 대파는 어슷하게 썰고 청국장을 준비하세요.

2. 다시마, 국물용 멸치, 물을 넣고 중불에서 5분간 끓인 다음, 물이 끓어 오르면 멸치와 다시마는 건져냅니다.

3. 신 김치는 흐르는 물에 헹궈 양념을 털어내고 먹기 좋은 크기로 썰어 놓습니다.
   2에 김치와 무를 넣고 약불에서 5분간 냄비 뚜껑을 덮고 끓여주세요.

4. 두부, 청국장, 다진 마늘을 넣고 한소끔 끓이다가, 무가 투명해지면 차돌박이와 대파를 넣고 조금 더 끓여주세요.

味수다 차돌박이나 소고기만 넣어서 찌개를 끓이면 국물 맛이 진하지 않습니다. 멸치와 다시마로 육수를 내야 진하고 구수한 청국장찌개 맛을 느낄 수 있습니다. 매콤한 청국장을 좋아하면 김치의 양념을 털지 말고 넣고, 맑은 청국장을 좋아하면 김치 양념을 물에 헹구어 고춧가루를 제거한 후 넣으세요.

쫄깃쫄깃 아삭아삭
오징어 무생채

달고 맛있는 겨울 무에 싱싱한 횟감용 오징어를 채 썰어 생채를 만들어보세요. 무생채만 먹을 때보다 쫀득한 오징어가 입맛을 돋우어 줍니다. 오징어 무생채에 2배 식초를 넣어 새콤하게 드셔도 좋습니다. 신선한 오징어를 구하기 힘들 땐 오징어 대신 미나리를 넣어보세요. 향긋한 미나리가 후각과 미각을 기분 좋게 자극합니다.

/ Recipes /

재료(4인분)

껍질 벗긴 오징어	1마리(200g)
무	2/5토막(300g)
쪽파	3줄기(30g)
양파	1/2개(80g)
굵은 소금	1큰술

양념

고춧가루	1큰술과 1작은술
소금	1작은술
다진 마늘	1큰술
까나리액젓	1작은술
설탕	1작은술

1. 껍질 벗긴 오징어, 무, 쪽파, 양파를 먹기 좋은 크기로 채 썰어 준비해주세요.

2. 채 썬 무에 굵은 소금 1큰술을 넣고 1시간 동안 절여주세요. 심심하게 드시고 싶은 분은 30분만 절이세요.

3. 절인 무의 물기를 꼭 짠 다음 썰어놓은 오징어와 채소, 고춧가루를 넣고 버무려주세요.

4. **3**에 소금, 다진 마늘, 까나리액젓, 설탕을 넣고 한 번 더 버무려주세요.

1

2

3

4

오징어는 꼭 횟감용으로 준비해주세요. 오징어는 2~3일 정도만 지나도 물이 생겨서 식감이 떨어지기 때문에 싱싱할 때 바로 요리해서 먹는 게 좋아요. 오징어 껍질은 키친타월로 문지르면 쉽게 벗길 수 있습니다.

오리고기의 느끼함을 확 잡은
샬롯 훈제 오리고기 샐러드

와인식초에 절인 상큼한 샬롯을 훈제 오리고기와 쌈채소에 버무려 봤습니다. 샬롯은 양파의 한 종류로, 쉽게 말해서 꼬마 양파라고 생각하면 됩니다. 양파의 1/4 정도 크기로 양파보다 달콤하고 매운 맛이 덜합니다. 샬롯 초절임은 고기 요리에 곁들이면 개운한 맛을 냅니다. 샬롯을 구하기 힘들면 양파 초절임으로 대체해도 괜찮습니다.

/ Recipes /

재료(4인분)

쌈채소	100g
훈제 오리고기	100g
단호박	약간(30g)
견과류	1큰술
크랜베리	1큰술
샬롯 초절임	3알

오리고기 양념

설탕	1작은술
간장	1작은술
생강가루	조금

샐러드 드레싱

매실액	2큰술
레몬즙	1큰술
다진 마늘	1작은술
포도씨유	1큰술
올리고당	1큰술
소금	조금

1. 쌈채소는 먹기 좋게 다듬고 샬롯 초절임은 한입 크기로 잘라주세요.

2. 오리고기는 **양념**에 버무려 프라이팬에 노릇노릇 구워주세요.

3. 단호박은 한입 크기로 잘라 프라이팬에 구워주세요.

4. 볼에 쌈채소, 오리고기, 견과류, 크랜베리, 단호박, 샬롯을 넣고 준비한 **샐러드 드레싱**과 버무려주세요.

味수다

샬롯 초절임은 스테이크 소스에 잘게 다져 넣거나 고기가 들어간 샐러드에 곁들이는 등 고기 요리에 다양하게 활용할 수 있습니다.

① 샬롯은 껍질을 까서 깨끗하게 씻은 다음 물기를 완전히 제거한 후, 용기에 담습니다.

② 냄비에 물 1컵(200ml)과 설탕 50g을 넣고 끓이다가 물이 3분의 2로 줄어들면 와인식초(발사믹식초) 1컵(200ml)를 넣고 잠깐 더 끓입니다.

③ 샬롯을 담은 용기에 통후추와 월계수잎, 와인식초 끓인 물을 넣고 뚜껑을 닫아 하루 동안 상온에서 보관한 다음 냉장고에 저장해두고 먹습니다.

짭조름하고 향긋한
방아잎 고추장떡

어렸을 때 친정어머니께서 자주 해주셨던 장떡이에요. 찰밀가루에 고추장, 된장, 방아잎을 넣어 납작하게 부쳐주면 짭조름한 고추장떡이 완성됩니다. 방아잎(배초향)을 처음 먹어보는 사람은 강한 향에 거부감을 느낄 수도 있습니다. 하지만 한 번 먹어보면 자꾸만 손이 가는 게 방아잎의 매력입니다. 방아잎이 없다면 깻잎을 사용해도 좋습니다.

/ Recipes /

재료(4인분)

애호박	1/3개(60g)
양파	1/2개(100g)
홍고추	1개(10g)
청양고추	1개(8g)
부추	1줌(50g)
방아잎	10~20장(10~20g)
찰밀가루	130g
물	150ml
된장	1작은술
고추장	2큰술
소금	1/2작은술
간장	1작은술
다진 마늘	2작은술
식용유	2큰술

1. 애호박, 양파는 채 썰고 홍고추, 청양고추는 송송 썰어주세요. 부추와 방아잎은 먹기 좋은 크기로 다듬어주세요.

2. 찰밀가루, 물, 된장, 고추장, 소금, 간장, 다진 마늘을 넣고 잘 섞어주세요.

3. 다듬어놓은 채소와 방아잎을 **2**에 넣어 잘 섞어주세요.

4. 프라이팬에 식용유를 두르고 숟가락으로 반죽을 떠서 중불에서 2~3분간 노릇하게 부쳐줍니다.

방아잎은 위장을 건강하게 하고 소화를 돕습니다. 특유의 향은 비린내를 중화시켜 경남이나 호남 지방에서는 매운탕을 끓일 때 빠지지 않는 재료입니다. 시골에서는 산비탈이나 길가에 지천으로 피어 있는 방아잎이 도시에서는 매우 귀합니다. 방아잎을 화분에 심어 두면 봄부터 가을까지 언제든지 맛볼 수 있을 뿐만 아니라, 라벤더처럼 보라색의 아름다운 꽃을 구경할 수도 있습니다.

장떡 반죽은 조금 되직하게, 간은 세게 합니다. 반죽에 고추장, 된장이 들어가면 묽어지고, 채소에서 수분이 나오면 간이 싱거워지기 때문입니다. 장떡 반죽이 질면 차진 맛도 떨어집니다.

돈가스정식

고구마와 치즈가 입안에서 사르르 녹는

7-Day

일주일 동안 집밥만 먹다 보면 가족들 사이에서 외식하자는 의견이 나옵니다. 가장 먼저 외식 얘기를 꺼내는 쪽은 주로 아이들입니다. 아이들이 밖에서 먹고 싶은 메뉴는 피자, 파스타, 햄버거, 돈가스 등 주로 기름진 서양음식입니다. 이럴 때 엄마표 돈가스 정식을 내놓으면 외식 얘기는 쏙 들어가고 엄지 척 치켜들며 방긋 웃는 아이 얼굴을 볼 수 있습니다.

Shopping Cart

| 당근 고구마 돈가스 |
돼지고기 안심 600g ········· 10,000원
고구마 1개(300g) ················ 500원
당근 1과 1/2개(300g) ········ 1,500원
달걀 2개 ···························· 400원
파인애플 통조림 1/4캔(60g)
································· 1,500원
양파 약간(20g) ···················· 100원
양송이버섯 1개(20g) ············ 200원

| 바나나 아몬드 우유 |
바나나 1개(120g) ················ 500원
아몬드 슬라이스 약간(10g)
··································· 160원
우유 200ml ························ 500원

| 단호박 크랜베리 샐러드 |
단호박 1/3통(300g) ·········· 1,000원
크랜베리 1큰술 ···················· 500원
아몬드 슬라이스 약간(10g)
··································· 160원
피클 다진 것 1큰술 ··············· 100원

| 리코타치즈 샐러드 |
우유 1L ··························· 1,500원
생크림 500ml ·················· 5,000원
레몬즙 1큰술 ······················ 100원
어린잎채소 5줌(100g) ········ 1,750원
크랜베리 1큰술 ···················· 500원
아몬드 슬라이스 약간(10g)
··································· 160원
식빵 1개 ···························· 100원

🛒 합계 : 26,230원

속은 살살 녹고 겉은 바삭한
당근 고구마 돈가스

당근과 고구마를 쪄서 돼지고기 안심으로 돌돌 말아 돈가스를 튀겨봤어요. 당근과 고구마를 넣어서 영양도 뛰어나고 맛도 달콤해서 아이들도 잘 먹습니다. 그냥 돈가스를 튀기는 것보다 손이 한 번 더 가는 일이지만, 아이들이 맛있게 먹고 건강하게 자랄 수 있다면 이 정도 수고로움은 이겨낼 수 있습니다.

/ Recipes /

재료(4인분)

돼지고기 안심	600g
소금	약간
후추	약간
고구마	1개(300g)
당근	1과 1/2개(300g)
아가베시럽	4큰술
튀김가루	5큰술
달걀	2개
빵가루	100g

돈가스 소스

돈가스 소스	6큰술
케첩	4큰술
올리고당	2큰술
파인애플 통조림	1/4캔(60g)
양파	약간(20g)
양송이버섯	1개(20g)

1. 돼지고기 안심을 고기망치(또는 칼등)로 잘 두드려서 펴준 다음 소금, 후추를 뿌려줍니다.

2. 고구마와 당근을 적당한 크기로 썰어서 찜통에 넣고 중불에서 15분간 찐 다음, 각각 으깨서 아가베시럽을 2큰술씩 넣고 잘 섞어줍니다.

3. 돼지고기 앞뒤로 튀김가루를 묻힙니다. 고구마와 당근 으깬 것을 고기 한쪽에 바른 다음 고기를 돌돌 맙니다.

4. 돌돌 만 고기는 튀김가루, 달걀물, 빵가루 순서로 옷을 입힙니다.

5. 프라이팬에 기름을 넉넉하게 두르고 센불로 달구다가 빵가루를 조금 넣습니다.
   빵가루가 떠오르면 **4**를 넣고 약불에서 10분간 굴리며 튀겨냅니다. 마지막에는 센불로 기름 온도를 높여서 돈가스 속 기름을 **뺍니다**.

6. 냄비에 돈가스 소스, 케첩, 올리고당을 넣고 끓이다가, 끓어 오르면 채 썬 양파와 얇게 썬 양송이버섯, 작게 썬 파인애플을 넣고 한소끔 끓입니다.

진한 풍미가 느껴지는
리코타치즈 샐러드

브런치 카페에서 맛볼 수 있는 리코타치즈를 집에서 신선하게 만들어 드세요. 고소하고 진한 풍미의 리코타치즈는 샐러드나 샌드위치, 디저트 등 다양한 요리에 활용 가능할 뿐만 아니라, 집에서도 손쉽게 만들 수 있습니다. 직접 만든 리코타치즈는 냉장 보관해서 차게 드시는 것이 좋고, 첨가물이 들어가 있지 않아 유통기한이 짧으니 3~4일 안에 다 드실 만큼만 만드는 것이 좋습니다.

/ Recipes /

재료(4인분)

어린잎채소	5줌(100g)
크랜베리	1큰술
아몬드 슬라이스	1큰술

리코타치즈

우유	1000ml
생크림	500ml
레몬즙	1큰술
소금	1작은술

크루통

식빵	1개
포도씨유	1/2큰술
설탕	1/2작은술

드레싱

꿀	2큰술
포도씨유	1큰술
다진 양파	2큰술
발사믹소스	2큰술

1. 냄비에 우유와 생크림을 넣고 중불에서 끓입니다.

2. 내용물이 끓기 시작하면 약불로 줄이고 레몬즙과 소금을 넣은 다음 한 번 저어줍니다.

3. 우유와 생크림을 약불에서 40분간 끓이다가 순두부처럼 몽글몽글 덩어리가 생기면 면보에 붓습니다.

4. 면보로 싼 **리코타치즈**는 무거운 것을 올려 물기를 뺍니다. 물기가 빠진 리코타치즈는 냉장 보관합니다.

5. 프라이팬에 포도씨유를 두르고 깍두기 모양으로 자른 식빵을 올려 은근한 불에서 볶아줍니다. 식빵이 갈색이 되면 불을 끄고 설탕을 뿌려줍니다.

6. 볼에 어린잎채소, 리코타치즈를 넣고 크랜베리, 아몬드 슬라이스와 꿀, 포도씨유, 다진 양파를 넣고 뒤적여주세요. 마지막으로 발사믹소스를 뿌리고 **크루통**을 얹어 냅니다.

아이스크림처럼 부드럽고 달콤한
단호박 크랜베리 샐러드

아이스크림처럼 부드럽고 달콤한 단호박이 저와 아이들의 입맛을 사로잡은 단호박 크랜베리 샐러드입니다. 단호박을 그냥 쪄서 주면 잘 먹지 않는 아이들도 이렇게 만들어주면 좋아합니다. 단호박에는 비타민과 무기질이 듬뿍 들어 있어 성장기 아이들에게 좋고 칼로리도 낮아 다이어트 식품으로 안성맞춤입니다.

/ Recipes /

재료(4인분)

- 단호박 ············· 1/3통(300g)
- 크랜베리 ················· 1큰술
- 아몬드 슬라이스 ········ 약간(10g)

소스

- 피클 다진 것 ············· 1큰술
- 머스터드소드 ············· 1큰술
- 아가베시럽 ··············· 1큰술
- 마요네즈 ················· 1큰술
- 소금 ····················· 약간

1. 단호박을 적당한 크기로 자른 다음, 숟가락으로 속을 깨끗이 긁어냅니다. 찜통에 단호박을 넣고 뚜껑을 덮은 채로 중불에서 15분간 찝니다.

2. 찐 단호박은 볼에 옮겨 식혀줍니다.

3. 단호박을 주걱으로 으깬 다음, 소스 재료를 넣고 함께 버무립니다. 단호박은 완전히 으깨지 말고 덩어리를 약간 남기면 식감이 좋아집니다.

4. 3에 크랜베리와 아몬드 슬라이스를 뿌립니다.

단호박은 껍질에 영양가가 많아서 벗기지 않고 요리하는 게 좋습니다. 단호박을 껍질째 식초에 담갔다가 베이킹소다를 뿌려 솔로 박박 문지르면, 껍질에 묻은 농약까지 말끔하게 세척할 수 있습니다. 수입산 단호박은 농약을 많이 친다고 하니 되도록 국내산을 드세요. 국내산은 수입산보다 껍질 색이 선명하고 크기가 큽니다.

아침 식사 대신 한 잔
바나나 아몬드 우유

달콤한 바나나와 고소한 아몬드는 궁합이 좋습니다. 바나나는 뇌가 활동하는 데 꼭 필요한 에너지원인 당을 공급하는 데 효과적인 과일입니다. 아몬드는 불포화 지방산인 올레인산이 풍부해서 성장기 어린이의 두뇌 발달을 돕는다고 합니다. 바나나 아몬드 우유는 다른 과일 주스보다 포만감이 높아서 바쁜 아침에 아이들 식사 대용으로도 좋습니다.

/ *Recipes* /

재료(1인분)

바나나	1개(120g)
꿀	1큰술
아몬드 슬라이스	10g
우유	200ml
얼음	6~8개

1. 싱싱한 바나나를 준비합니다.

2. 꿀, 아몬드 슬라이스, 우유를 준비합니다.

3. 껍질 벗긴 바나나와 꿀, 우유를 믹서기에 넣고 곱게 갈아줍니다.

4. **3**에 얼음을 넣어서 한 번 더 갈아 잔에 따르고 아몬드 슬라이스를 뿌려 완성합니다.

바나나는 익어가면서 단맛이 더욱 강해지므로 실온에 두고 익히세요. 바나나 껍질에 생기는 검은 점은 단맛의 정도를 알려주는 점이라고 해서 '슈거 포인트'라고 부릅니다. 바나나 껍질에 검은 점이 듬성듬성 나타날 때가 바나나가 가장 달콤할 때입니다.

바나나 한 송이를 사면 다 먹기도 전에 물러 버리는 경우가 있죠. 껍질에 검은 점이 생긴 바나나는 껍질을 벗긴 다음 지퍼백에 넣어 냉동실에 뒀다가 필요할 때 꺼내 갈아먹으면 좋습니다.

일품요리 01

소풍 갈 때 필수! 김밥

참치 김밥
어묵 김밥
불닭 김밥

참치 김밥

재료(4인분) 밥 3공기(600g), 참치캔 1캔(200g), 마요네즈 2큰술, 다진 양파 5큰술, 후추 약간, 레몬즙 약간, 소금 약간, 오이 1개, 식초 1/2큰술, 설탕 1작은술, 참기름 4작은술, 김밥용 김, 깻잎 8장, 꼬들 단무지 1줌

1 밥은 뜨거울 때 소금, 참기름을 넣고 비벼 식혀줍니다. **2** 기름을 짠 참치, 마요네즈, 다진 양파, 후추, 레몬즙, 소금을 넣고 섞어 속 재료를 만듭니다. **3** 오이는 채 썰어서 소금, 식초, 설탕을 넣고 30분간 재웁니다. **4** 김 위에 밥을 2/3 정도 얹고, 깻잎, 양념한 참치, 단무지, 오이를 순서대로 넣고 돌돌 맙니다.

어묵 김밥

재료(4인분) 밥 3공기(600g), 어묵 1봉지, 부추 1/2단(250g), 김밥용 김, 소금 약간, 참기름 4작은술
어묵 양념 간장 3큰술, 올리고당 3큰술, 다진 마늘 1큰술, 참기름 1큰술, 깨소금 1/2큰술, 불고기 양념 1/2큰술

1 밥은 뜨거울 때 소금, 참기름을 넣고 비벼 식혀줍니다. **2** 프라이팬에 어묵과 **양념**을 넣고 약불에서 5~6분간 조립니다. **3** 프라이팬에 부추와 소금을 넣고 2~3분간 볶습니다. **4** 김 위에 밥을 2/3 정도 얹고, 조린 어묵, 부추를 넣고 돌돌 맙니다.

불닭 김밥

재료(4인분) 밥 3공기(600g), 닭다리살 100g, 고구마 1개, 깻잎 8장, 소금 약간, 참기름 4작은술, 단무지 4줄, 김밥용 김
고추장 양념 간장 1큰술, 올리고당 1큰술, 다진 마늘 1큰술, 고추장 1큰술, 소금 약간, 후추 조금, 불고기 양념 1/2큰술

1 밥은 뜨거울 때 소금, 참기름을 넣고 비벼 식혀줍니다. **2** 닭다리살은 껍질을 벗기고 뼈를 발라낸 다음 **고추장 양념**에 30분간 재워둡니다. **3** 닭다리살을 프라이팬에 볶습니다. **4** 고구마를 삶아 단무지 크기로 길게 썰고, 깻잎은 반을 가르고, 볶은 닭다리살은 1cm 두께로 썰어 준비합니다. **5** 김 위에 밥을 2/3 정도 얹고, 깻잎, 볶은 닭다리살, 고구마, 단무지를 넣고 돌돌 맙니다.

간단 보양식

닭고기와 밑반찬으로 차린

찬 음식을 많이 먹는 여름철에 속을 따뜻하게 하는 닭고기를 먹어주면 위장 기능을 활발하게 만들어 소화 흡수를 돕고 냉증이나 배탈을 예방할 수 있습니다. 메인 요리인 닭볶음탕과 함께 곁들여 먹기 좋은 밑반찬들로 밥상을 차려봤습니다. 복날, 보양식 먹으러 멀리 나가지 마시고 집에서 간편하게 에너지 충전해보세요.

8-Day

Shopping Cart

| 닭볶음탕 |
닭 2/3마리(750g) ········ 4,000원
감자 2개(330g) ········ 1,000원
양파 1개(200g) ········ 500원
당근 2/3개(130g) ········ 670원
대파 1/2대(40g) ········ 250원

| 취나물볶음 |
취나물 1봉지(200g) ····· 1,500원

| 진미채볶음 |
진미채 1/2봉지(120g)
········ 4,000원

| 상추겉절이 |
상추 40~50장(100g) 1,150원
부추 1/2줌(30g) ········ 170원
양파 1/4개(50g) ········ 250원

합계 : 13,490원

매콤한 국물에 밥까지 볶아먹어야 숟가락 놓는
닭볶음탕

닭요리는 복날이면 빠지지 않고 등장하는 대표 보양식입니다. 온종일 흩어져 바쁘게 생활했던 가족이 식탁에 모두 모이는 저녁 시간이라면, 닭과 감자를 양념장에 버무려서 매콤하게 끓여낸 닭볶음탕을 만들어보세요. 이마에 송골송골 맺힌 땀을 닦으며 먹는 닭볶음탕은 하루의 피로를 말끔하게 풀어줄 거예요. 건더기를 다 먹고 난 후 남은 국물에 김 가루 뿌려 볶아먹는 볶음밥은 별미 중의 별미니 놓치지 마세요.

/ Recipes /

재료(4인분)

양파	1개(200g)
당근	2/3개(130g)
감자	2개(330g)
대파	1/2대(40g)
물	1.5L
닭	1/2마리(750g)
월계수잎	2장
미림	1큰술

양념

고추장	4큰술
고추가루	1큰술
간장	3큰술
생강가루	1/2작은술
다진 마늘	2큰술
소금	2/3작은술

1. 양파, 당근, 감자, 대파는 큼직하게 썰고, 닭은 토막 냅니다.

2. 냄비에 닭, 물(닭이 잠길 정도의 양), 월계수잎, 미림을 넣고 센불에서 2분간 끓인 다음, 닭만 건져 찬물에 헹굽니다.

3. **양념** 재료를 섞어 양념장을 만듭니다.
   냄비에 한 번 끓여 건져낸 닭과 물 400ml, 양념장을 넣고 잘 섞어준 다음, 뚜껑을 덮은 채 중불에서 10분간 끓여주세요.

4. **3**에 양파, 당근, 감자, 대파를 넣고 중불에서 10분간 끓인 후, 뒤섞어 약불에서 5분간 조려주세요.

味수다 닭을 월계수잎과 미림을 넣고 한 번 끓여주면 기름기도 빠지고 잡냄새도 사라집니다. 닭을 양념에 조릴 때는 닭과 채소에 간이 잘 배도록 약한 불에 조려주세요. 닭에 칼집을 내두면 양념이 보다 잘 스며듭니다.

들깻가루를 넣어 더욱 고소한
취나물볶음

취나물은 무쳐서 먹어도 맛있지만 들기름과 들깻가루를 넣어 살짝 볶으면 더욱 진한 맛을 느낄 수 있어요. 말린 취나물이라면 요리하기 전에 말린 잎이 펴질 때까지 물에 담가 불려야 합니다. 취나물은 고기 먹을 때 쌈으로 곁들여도 좋아요. 취나물의 향긋한 향이 고기의 느끼한 맛을 덜어줍니다.

/ Recipes /

재료(4인분)

취나물	200g
물	700ml
소금	약간
포도씨유	1작은술
들기름	1작은술
들깻가루	2작은술
물	1큰술

취나물 밑간

국간장	1/2작은술
참치액젓	1/2작은술
다진 대파	1큰술
다진 마늘	1작은술
소금	1/2작은술

1. 취나물을 잘 씻어서 준비해주세요.

2. 냄비에 물 700ml를 넣고 끓이다가 물이 끓기 시작하면 취나물과 소금을 넣고 중불에서 5분간 삶아주세요.

3. 취나물은 꼭 짜서 물기를 제거한 다음 국간장, 참치액젓, 다진 대파, 다진 마늘, 소금을 넣고 조물조물 무쳐주세요.

4. 프라이팬에 3의 취나물과 포도씨유를 넣고 5분간 약불에서 살살 볶다가 마지막에 들기름, 들깻가루를 넣고 볶아주세요. 여기에 물 1큰술을 넣으면 식감이 좀 더 부드러워집니다.

味수다 취나물은 줄기부터 삶고 그다음 잎을 삶아야 고르게 삶아져요. 이때 소금을 약간 넣고 삶으면 취나물의 푸른색이 더 살아나서 싱싱해 보입니다. 취나물이 다 삶아졌는지 구분하기 힘들 때는 손으로 줄기를 눌러보세요. 줄기가 살짝 들어가면 다 익은 거예요.

촉촉하고 부드러운
진미채볶음

어른, 아이 다 좋아하는 진미채볶음입니다. 요리법과 재료 모두 간단해서 시간 날 때 만들어 두면 든든한 밑반찬이지요. 다음에 소개하는 레시피에서 고추장 대신 간장을 넣어도 좋습니다. 진미채마다 간이 조금씩 다르니 양념 양은 맛을 보고 조금씩 조절하세요. 단, 마요네즈는 꼭 넣어주세요. 그래야 끝까지 촉촉한 상태로 드실 수 있습니다.

/ Recipes /

재료(4인분)

진미채	1/2봉지(120g)
참깨	1작은술

양념

고추장	2큰술
마요네즈	4큰술
올리고당	2큰술

1. 진미채와 **양념**을 분량대로 준비해주세요.

2. 양념 재료를 섞어 프라이팬에 넣고 약불에서 끓여주세요.

3. **2**에 진미채를 넣고 약불에서 2~3분간 살짝 볶아주세요.

4. 불을 끈 다음, 볶은 진미채에 참깨를 넣고 버무려주세요.

딱딱한 진미채는 조리하는 동안 더 딱딱해질 수 있으니 가능한 부드러운 것을 골라 요리하세요. 비닐에 들어 있는 진미채는 손으로 눌러봐서 부드러운 것을 고르세요. 진미채는 오래 볶으면 질겨지므로 살짝만 볶아줍니다.

휘리릭 만들어 상큼하게 즐기는
상추겉절이

고기 먹고 남은 상추에 새콤달콤한 간장 양념을 넣어 상추겉절이를 해보세요. 고기 좋아하는 아이들이 채소를 안 먹을 때, 앞 접시에 고기와 상추겉절이를 듬뿍 담아주면 쌈으로 먹을 때보다 훨씬 잘 먹습니다. 겨우내 김장김치만 먹다가 상큼한 맛이 그리울 때 휘리릭 만들어 먹기에도 좋습니다.

/ Recipes /

재료(4인분)

상추	40~50장(100g)
양파	1/4개(50g)
부추	1/2줌(30g)

양념

참깨	1작은술
고춧가루	2작은술
다진 마늘	1작은술
2배 식초	2작은술
간장	1과 1/2큰술
설탕	1작은술
매실액	1작은술

1. 상추는 깨끗이 씻어 물기를 빼주세요. 양파는 채 썰고 부추는 5cm 길이로 잘라주세요.

2. **양념**을 분량대로 잘 섞어주세요.

3. 볼에 상추, 양파, 부추를 넣고 양념에 잘 버무려주세요. 버무릴 때는 젓가락으로 살살 뒤적이거나 손으로 살짝 버무려야 상추 숨이 죽지 않습니다.

1

2

3

味주다 상추에 물기가 많으면 양념이 싱거워져서 맛이 없으니 상추를 씻은 다음 물기를 잘 빼야 합니다. 상추는 연한 채소라 먹기 직전에 바로 무쳐야 숨도 안 죽고 아삭한 식감을 유지할 수 있습니다. 게장 국물이 있으면 간장 대신 넣어보세요. 감칠맛이 더 납니다.

저자극 채식 밥상

자극적인 음식에 지친 입맛에 휴식을!

9-Day

무더위가 기승을 부리는 해에는 연이 더욱 풍성하게 자라요. 몸에 좋은 잡곡을 듬뿍 넣은 밥을 싱싱한 연잎으로 감싸 쪄내면 건강한 한 끼가 완성됩니다. 여름이 제철인 오이와 꽈리고추는 여름에 맛볼 수 있는 별미 중에서도 으뜸입니다. 제철 채소로 차린 밥상으로 기름지고 자극적인 음식에 지친 입맛을 힐링해보세요.

Shopping Cart

연잎밥
찰현미 240g ············ 1,000원
찹쌀 240g ············ 2,100원
흑미 2큰술 ············ 120원
콩 4큰술 ············ 450원
편 썬 연근 8개 ············ 300원
연잎 8장 ············ 8,000원
은행 24알 ············ 500원
해바라기씨 8작은술 ············ 300원
대추 4알 ············ 500원
잣 4작은술 ············ 1,000원
밤 8개 ············ 500원

호박 된장찌개
애호박 1/2개(120g) ········ 600원
느타리버섯 1줌(60g) ······ 270원
양파 1/4개(50g) ·········· 125원
무 1토막(80g) ············ 125원
두부 2/3모(200g) ········ 1,000원
홍고추 1개(10g) ·········· 100원
청고추 1개(10g) ·········· 100원
부추 1/2줌(20g) ·········· 150원

꽈리고추찜
꽈리고추 20~25개(130g)
············ 1,500원

오이걷절이
오이 3개(700g) ·········· 1,800원
양파 1/2개(100g) ·········· 500원
부추 1과 1/2줌(70g) ······ 510원
생홍고추 5개(50g) ········ 500원

합계 : 22,050원

귀한 사람을 위한 특별한 밥
연잎밥

한정식집에서 맛볼 수 있는 연잎밥을 집에서 간단히 만들어보세요. 연잎밥은 견과류가 듬뿍 들어 있어 속이 든든하고 밥에 간이 적당히 되어 있어 별다른 반찬 없이도 맛있게 먹을 수 있습니다. 저는 한 번 만들 때 넉넉하게 만들어서 냉동 보관했다가 아침 식사나 간식으로 활용합니다. 연잎밥은 연잎으로 감싼 모양새가 예쁘고 식으면 쫄깃한 맛이 일품이라 나들이 도시락으로도 좋습니다.

/ Recipes /

재료(4인분)

적당한 크기의 연잎 ········ 8장
(1인분 = 2개)

찰밥

찰현미	240g
찹쌀	240g
흑미	2큰술
콩	4큰술
소금	1작은술

고명

편 썰어 데친 연근	8개
편 썬 밤	8개
프라이팬에 구워 껍질 깐 은행	24알
해바라기씨	8작은술
씨를 빼고 돌려 깎은 대추	4알
잣	4작은술

1. 잡곡을 잘 잘 씻어서 3~5시간 불립니다.
   잡곡과 밥물의 높이를 비슷하게 잡고, 소금 1작은술을 넣어 간을 합니다.
   전기밥솥의 취사 기능을 '현미밥'(또는 잡곡밥)으로 설정해 밥을 합니다.

2. 잡곡밥이 완성되면 8등분해서 연잎에 한 덩어리씩 올리고,
   고명(연잎밥 하나에 연근 1개, 밤 1개, 은행 3알, 해바라기씨 1작은술,
   대추 3조각, 잣 1/2작은술)을 얹습니다.

3. 연잎 양옆을 안쪽으로 잘 접은 다음 아래에서 위로 말아 올려주세요.
   연잎이 풀리지 않게 이쑤시개로 고정합니다.

4. 찜통에 면보를 깔고 물과 연잎밥을 넣고 뚜껑을 닫은 상태에서
   약한 불에서 30분~1시간 동안 쪄냅니다.

밥을 쌌을 때 작은 연잎이 예쁘지만, 연잎은 클수록 향이 진합니다. 저는 큰 연잎을 4등분 해 사용했습니다. 연잎밥에 들어가는 연근은 식초 1큰술을 넣고 데쳐서 사용합니다. 그래야 연근 특유의 아린 맛을 없애고 갈변 현상도 막을 수 있습니다.

구수하고 달콤한
호박 된장찌개

"어멈아, 마당 울타리에 가면 호박 있으니 하나 따오너라. 저녁은 호박 된장찌개 해 먹자구나." 호박을 보면 돌아가신 시어머니의 푸근한 목소리가 환청처럼 들립니다. 호박을 멸치 육수에 숭덩숭덩 썰어 넣고 장독대에 있는 구수한 된장을 한 주걱 넣어 푹푹 끓이면 맛있는 호박 된장찌개가 완성됩니다. 호박 된장찌개에서 호박 몇 덩이 건져 숟가락으로 대강 으깬 다음 새콤한 열무김치와 고추장 넣고 쓱쓱 비비면 밥 한 그릇이 눈 깜짝할 새 사라집니다.

/ Recipes /

재료(4인분)

애호박	1/2개(120g)
느타리버섯	1줌(60g)
양파	1/4개(50g)
청고추	1개(10g)
홍고추	1개(10g)
두부	2/3모(200g)
부추	1/2줌(20g)
무	1토막(80g)
다시마(5×5cm)	1장
국물용 멸치	10g
물	700ml
된장	2큰술
참치액젓	1작은술
다진 마늘	1큰술

1. 애호박, 느타리버섯, 양파, 청고추, 홍고추, 두부, 부추, 무를 먹기 좋게 썰어 준비합니다.

2. 냄비에 다시마, 국물용 멸치, 물을 넣고 중불에서 5분간 끓인 후 멸치와 다시마는 건져냅니다.

3. **2**에 무, 느타리버섯을 넣고 중불에서 5분간 끓이다가, 된장, 양파, 호박, 두부, 참치액젓, 다진 마늘을 넣고 한소끔 끓여줍니다.

4. **3**에 부추, 청고추, 홍고추를 넣고 3분간 끓여줍니다.

집된장은 오래 끓일수록 깊은 맛을 내지만 시판 된장은 오래 끓이면 자칫 쓴맛이 날 수 있으니 마지막에 넣고 우르르 끓여냅니다. 찌개 끓일 때 생기는 거품을 중간 중간 걷어줘야 국물맛이 깔끔합니다.

호박 된장찌개

집 나간 입맛 잡는 '입맛 사냥꾼'
꽈리고추찜

여름이 제철인 꽈리고추는 피로 회복에 좋은 비타민 A와 C가 풍부하고 매운맛이 식욕을 자극합니다. 입맛 없는 여름철에 딱 맞는 입맛 사냥꾼이죠. 꽈리고추는 간장에 볶아서 먹어도 맛있지만, 찹쌀가루를 입혀서 찐 다음 양념에 조물조물 버무려 먹어도 맛있습니다. 또 꽈리고추를 찹쌀가루에 무쳐서 한 번 쪄내고 말렸다 튀겨 고추부각으로 해 먹어도 좋습니다. 튀긴 고추 위에 설탕과 소금을 솔솔 뿌려서 간을 하면 겨우내 맛있게 먹을 수 있습니다.

/ Recipes /

재료(4인분)
- 꽈리고추 ········ 20~25개(130g)
- 찹쌀가루 ················· 2큰술
- 물 ······················ 500ml

양념
- 간장 ···················· 1큰술
- 올리고당 ················ 1작은술
- 참기름 ·················· 1작은술
- 다진 양파 ··············· 1작은술
- 송송 썬 청고추 ··········· 1작은술
- 송송 썬 홍고추 ··········· 1작은술
- 참깨 ···················· 1작은술
- 참치액젓 ················ 1/2작은술
- 고춧가루 ················ 1/2작은술

1. 꽈리고추는 꼭지를 떼고 깨끗하게 씻어 물기를 살짝 털어낸 다음, 찹쌀가루를 넣고 잘 버무려줍니다.
   (비닐봉지에 꽈리고추와 찹쌀가루를 넣고 흔들어줘도 됩니다.)

2. **양념**을 잘 섞어 양념장을 만듭니다.

3. 찜통에 물 500ml를 넣은 다음, 면보를 깔고 꽈리고추를 넣고 중불에서 5분간 찝니다.

4. 꽈리고추는 살짝 식힌 다음 양념장을 넣고 살살 버무립니다.

꽈리고추를 찔 때는 꽈리고추에 묻은 찹쌀가루가 잘 익어야 텁텁한 맛이 나지 않습니다. 찌는 중간에 찜통 뚜껑을 열어서 꽈리고추에 묻은 찹쌀가루가 투명하게 변했는지 확인해보세요. 꽈리고추를 너무 찌면 갈색으로 변하니 주의하세요.

무더위를 싹 잊게 하는
오이겉절이

서울에서는 오이소박이를 껍질째 담그지만 시골에서는 껍질을 다 벗기고 양념에 슥슥 버무려 겉절이처럼 만듭니다. 치아가 약하신 어른을 모시며 살던 시어머니께 전수받은 방법이에요. 오이겉절이는 2~3일 정도 숙성시키면 국물이 흥건하게 나오면서 맛있게 익습니다. 입맛 없을 때 새콤한 오이겉절이 국물을 한술 떠먹으면 잃었던 입맛이 순식간에 돌아옵니다.

/ Recipes /

재료(4인분)

오이	3개(700g)
양파	1/2개(100g)
부추	1과 1/2줌(70g)
굵은 소금	1/2큰술
화인스위트	1/2작은술
생홍고추	5개(50g)
까나리액젓	2큰술

양념

고춧가루	1/2큰술
다진 마늘	2큰술
화인스위트	약간

1. 오이를 깨끗하게 씻은 다음 껍질을 벗기고 먹기 좋은 길이로 자릅니다.

2. 볼에 오이, 굵은 소금, 화인스위트를 넣고 40분간 절입니다. 오이가 절여지면서 나오는 국물은 따로 받아놓았다가 간이 약할 때 넣어주세요.

3. 양파는 채 썰고, 부추는 5cm 길이로 잘라 준비합니다.

4. 생홍고추, 까나리액젓을 믹서에 간 다음, 오이에 붓고 **양념** 재료와 양파, 부추를 넣고 버무립니다.

味수다 오이겉절이는 샐러드처럼 심심하게 먹다가 숙성되면 오이소박이처럼 먹으면 돼요. 오이겉절이를 담글 때 양파를 넣으면 설탕을 넣지 않아도 단맛이 가미돼서 감칠맛이 납니다.

들깨와 마늘종으로 차린

두뇌를 깨우는 밥상

10 - Day

머리를 맑게 해주고 기억력을 향상시켜주는 효능이 있는 재료들을 듬뿍 넣어 요리해봤습니다. 중요한 시험을 앞둔 아이들의 아침 식사로 제격인 식단이에요. 시험을 앞두고 긴장해 있을 아이들에게 응원의 마음을 담아 정성 어린 한 끼를 차려주세요. 시험을 마치고 집에 돌아온 아이의 얼굴에는 웃음꽃이 가득 피어 있을 거예요.

● Shopping Cart ●

| 버섯 들깨탕 |
새송이버섯 3개(70g) ········ 700원
표고버섯 3개(70g) ········ 1,000원
양송이버섯 2개(70g) ········ 700원
들깻가루 ········ 1,000원

| 마늘종무침 |
마늘종 12~15줄기(200g)
················ 1,200원

| 코다리조림 |
코다리 2마리(570g) ········ 3,000원
무 2/5토막(300g) ········ 500원
양파 1/2개(100g) ········ 250원
대파 1개(75g) ········ 500원
청양고추 4개(30g) ········ 400원
홍고추 1개(10g) ········ 100원

| 방풍나물 |
방풍나물 200g ········ 2,000원

합계 : 11,350원

고소한 들깨탕 속에 버섯이 쏙!
버섯 들깨탕

고소한 들깻가루와 고운 찹쌀가루를 넣어 뽀얗게 끓인 버섯 들깨탕이에요. 버섯의 쫄깃한 식감이 고소한 들깨탕과 잘 어울립니다. 오메가 3 지방산이 많이 들어 있는 들깨는 두뇌 발달에 좋고 치매를 예방해주는 효능이 있습니다. 수험생이 있는 집이라면 중요한 시험이 있는 날 고소한 들깨탕을 끓여 아이를 응원해보는 것은 어떨까요?

/ Recipes /

재료(4인분)

다시마(5x5cm)	2장
국물용 멸치	30마리(30g)
물	1.2L
표고버섯	2개(70g)
새송이버섯	3개(70g)
양송이버섯	2개(70g)
들깻가루	8큰술
소금	1/3작은술
참치액젓	2큰술

찹쌀물

찹쌀가루	3큰술
물	6큰술

1. 냄비에 다시마, 국물용 멸치, 물을 넣고 중불에서 5분간 끓인 후 다시마와 멸치는 건져냅니다.

2. 1에 얇게 썬 표고, 새송이, 양송이 버섯과 들깻가루를 넣고 한소끔 끓여줍니다.

3. 볼에 찹쌀가루 3큰술, 물 6큰술을 넣고 잘 섞어주세요.

4. 2에 3을 넣고 저으면서 중불에서 3분, 약불에서 5분간 은근히 끓여줍니다. 수프처럼 약간 걸쭉해지면, 소금과 참치액젓으로 간을 맞춥니다.

味수다 껍질을 탈피한 들깻가루로 요리해야 들깨탕이 부드럽습니다. 버섯과 들깻가루는 잘 어울리지만, 팽이버섯은 향이 강해서 들깨 향을 죽일 수 있으니 피하는 것이 좋습니다. 표고버섯 대는 식감이 질겨서 부드러운 들깨탕과 잘 어울리지 않으니 떼어내고 요리합니다. 떼어낸 대는 육수를 만들 때 넣으면 좋습니다.

버섯 들깨탕

쫄깃쫄깃 오동통
코다리조림

겨울철 별미 코다리조림이에요. 짭조름한 간장 양념이 코다리에 잘 배어들게 조려서 밥에 얹어 먹으면 한 그릇은 금세 뚝딱 비우죠. 저는 무 조림을 무척 좋아해서 무를 좀 넉넉히 넣어서 조립니다. 코다리는 지방이 적고 열량이 낮아서 다이어트하시는 분들에게도 좋습니다.

/ Recipes /

재료(4인분)

코다리	2마리(570g)
무	2/5토막(300g)
양파	1/2개(100g)
대파	1개(75g)
청양고추	4개(30g)
홍고추	1개(10g)

양념

다진 마늘	1큰술
국간장	2큰술
간장	3큰술
고춧가루	2큰술
미림	1큰술
물	300ml
설탕	1/2큰술

1. 코다리를 잘 씻어서 지느러미와 꼬리를 떼고 먹기 좋게 잘라줍니다.

2. 냄비 맨 밑에 두툼하게 썬 무를 깔고 코다리를 얹습니다.

3. **2**에 채 썬 양파와 **양념**, 물을 넣습니다.

4. 냄비 뚜껑을 덮고 중불에서 15분 동안 끓이다가 대파, 청양고추, 홍고추를 썰어 넣고 국물을 끼얹으면서 중불에서 10분간 조립니다.

겨울이 제철인 코다리는 명태를 반쯤 말린 것으로 촉촉하고 쫀득한 식감이 일품입니다. 코다리는 사서 바로 요리하지 않고 3~4일간 말렸다가 요리하면 더욱 쫄깃해집니다. 코다리를 조릴 때 대가리도 같이 넣어야 더 깊은 맛을 낼 수 있습니다.

입맛 돋우는 알싸한 밑반찬
마늘종무침

마늘종은 한 단만 사도 여러 가지 요리를 해 먹을 수 있어서 좋아요. 고추장에 무쳐도 먹고, 볶아도 먹고, 장아찌를 담가도 먹고, 볶음밥에 넣어도 맛있게 먹을 수 있어 활용도 만점인 식재료입니다. 또한 마늘종은 혈액 순환을 도와 신진대사를 활발하게 만들어 줍니다. 온종일 의자에 앉아 있어 운동이 부족한 직장인과 수험생들에게 딱 맞는 영양 반찬일 듯합니다.

/ Recipes /

재료(4인분)

마늘종	12~15줄기(200g)
마늘	3쪽(15g)
소금	약간
물	500ml

양념

설탕	1/2작은술
참기름	1작은술
참깨	1작은술
간장	2작은술
고춧가루	1큰술
고추장	1큰술
매실액	1작은술
다진 마늘	1작은술
참치액젓	1/2작은술

1. 마늘종은 씻은 다음 4~5cm 길이로 자릅니다.

2. 냄비에 물이 끓어 오르면 마늘종, 소금을 약간 넣고 센불에서 2분간 데칩니다.
   데친 마늘종은 찬물에 헹군 다음 물기를 뺍니다.

3. 마늘은 편으로 썰어 데친 마늘종과 함께 준비합니다.

4. 간장, 고추장, 설탕 등 **양념**을 넣고 무칩니다.

요리하고 남은 마늘종은 고추장이나 간장에 넣어 장아찌로 만들어 먹어도 좋습니다. 마늘종이 조금 남았을 때는 작게 썰어서 냉동실에 넣어두었다가 볶음밥 재료로 활용해도 좋습니다.

쌉싸름한 맛과 향이 독특한
방풍나물

방풍나물에 고추장과 된장을 넣고 조물조물 무쳐봤어요. 방풍나물은 풍을 예방하고 감기와 두통, 혈액 순환에 좋은 약용 식물입니다. 또 몸과 마음을 안정시켜 주는 효능이 있어 수험 스트레스로 예민한 아이에게 좋은 반찬입니다.

/ Recipes /

재료(4인분)

방풍나물	200g
소금	약간
물	500ml

양념

고추장	1큰술과 1작은술
된장	2작은술
참깨	1작은술
참기름	1작은술
다진 마늘	2작은술
송송 썬 대파	1큰술
송송 썬 홍고추	1작은술
매실액	1작은술

1. **양념**을 분량대로 준비합니다.

2. 냄비에 물이 끓어오르면 방풍나물, 소금을 약간 넣고 2~3분간 데쳐주세요.

3. 데친 방풍나물은 물에 여러 번 씻어준 다음 꼭 짜서 물기를 제거합니다.

4. 방풍나물에 고추장, 된장 등 **양념**을 넣고 조물조물 무쳐주세요.

味수다 보통 방풍나물의 어린순은 줄기까지 먹어도 되지만 가끔 줄기가 억센 것도 있어요. 기호에 따라 줄기를 제거하고 먹거나 줄기를 좀 더 오래 데쳐서 연하게 만들어 요리하세요.

보통 날의 집밥

일 년 내 먹어도 질리지 않는

11-Day

가끔 엄마가 차려주는 밥상이 그리울 때가 있어요. 국에 밑반찬 몇 가지로 후다닥 차려낸 밥상인데도 엄마 밥상에는 강한 중독성이 있습니다. 엄마의 노고가 겉으로 드러나지는 않지만, 가족들 입맛을 꿰고 있는 엄마가 재료부터 조리 방법까지 세심하게 신경 썼기 때문 아닐까 싶습니다. 거기다 '정성'이라는 특급 조미료를 듬뿍 넣었을 테고요. 오늘은 평범하지만 일 년 내 먹어도 질리지 않는 집밥을 만들어보겠습니다.

● Shopping Cart ●

| 새우 아욱국 |
아욱 2줌(150g) ············· 1,000원
건새우 15g ··················· 1,500원
양파 1/4개(50g) ················ 125원

| 가지나물 |
가지 2개(300g) ············· 2,000원

| 돼지고기 장조림 |
돼지고기 안심 600g ···· 10,000원
사과 1/2개(130g) ··············· 500원
양파 1/2개(100g) ··············· 250원
대파 1/2대(40g) ················· 250원
꽈리고추 8~10개(60~70g)
 ······································· 1,200원
마늘 6~8쪽(30g) ··············· 300원

| 원추리무침 |
원추리 4줌(200g) ·········· 2,000원

 합계 : 19,125 원

건새우가 들어가 더 구수한
새우 아욱국

'아욱으로 삼 년 국을 끓여 먹으면 외짝 문으로는 들어가지 못한다'는 속담이 있을 정도로 아욱은 영양이 풍부한 채소입니다. 우리 집에서 아욱국은 남편의 어린 시절 추억의 음식이에요. 가족은 많고 먹을 것은 부족했던 시절에 어머니가 쌀뜨물에 된장과 아욱을 한가득 넣고 끓여주면 누가 뺏어 먹을세라 허겁지겁 먹었다고 합니다. 남편의 어린 시절 이야기도 들어볼 겸 오늘은 아욱국을 구수하게 끓여보겠습니다.

/ Recipes /

재료(4인분)

다시마(5×5cm)	2장
국물용 멸치	20마리(20g)
물	1.2L
아욱	2줌(150g)
된장	2큰술
건새우	15g
양파	1/4개(50g)
국간장	1큰술
참치액젓	1작은술
다진 마늘	1/2큰술

1. 냄비에 다시마, 국물용 멸치, 물을 넣고 중불에서 5분간 끓여주세요. 국물이 끓으면 다시마와 멸치는 건져냅니다.

2. 아욱은 줄기와 잎을 분리하고, 줄기는 껍질을 벗깁니다. 손질한 아욱은 주물러가며 씻어줍니다.

3. **1**에 아욱과 된장을 넣고 한소끔 끓여줍니다.

4. **3**에 건새우, 채 썬 양파를 넣고 국간장, 참치액젓, 다진 마늘을 넣고 간을 한 다음 중불에서 3분간 끓입니다.

> 아욱에서 풋내가 나면 국이 맛없어져요. 아욱은 줄기의 껍질을 제거한 상태에서 주물러 씻어야 합니다. 물 대신 쌀뜨물(쌀 씻을 때 마지막 헹굼물)을 넣으면 국물이 더 구수합니다. 매콤한 맛을 선호하시면 홍고추를 채 썰어서 약간만 넣어주세요.

촉촉하고 부드러운
돼지고기 장조림

아이들이 좋아하는 돼지고기 장조림이에요. 돼지고기 장조림을 밑반찬으로 만들어놓으면 급한 볼일이 있을 때 집을 비워도 아이들이 냉장고에서 척척 꺼내 밥 넣고 버터 넣고 슥슥 잘 비벼먹습니다. 소고기는 조금 질긴 감이 있어서 돼지고기로 만들어봤습니다. 기호에 따라 메추리알, 버섯 등을 넣어도 좋습니다.

재료(4인분)

돼지고기 안심	600g
꽈리고추	8~10개(60~70g)
마늘	6~8쪽(30g)
물	1L
녹차잎	1/2작은술
생강가루	1작은술

돼지고기 조림장

사과	1/2개(130g)
양파	1/2개(100g)
대파	1/2대(40g)
설탕	3큰술
간장	200ml
물	400ml
올리고당	2큰술
미림	3큰술

/ Recipes /

1. 돼지고기는 30분에서 1시간 정도 물에 담가서 핏물을 뺀 다음, 물, 녹차잎, 생강가루를 넣고 끓입니다.
   물이 끓으면 중불에서 10분간 뚜껑을 덮고 끓입니다.

2. 냄비에 조림장 재료를 넣고 끓입니다. 양파가 투명해질 때까지 조립니다.

3. 삶은 돼지고기는 찬물에 깨끗이 씻고 먹기 좋은 크기로 찢어주세요.

4. 조림장에서 사과, 양파, 대파를 건져내고 돼지고기와 마늘을 넣고 뚜껑을 덮은 채 중불에서 5분간 조립니다.
   마지막으로 꽈리고추를 넣고 뚜껑을 연 채로 약불에서 3분간 조립니다.

1

2

3

4

> 돼지고기 장조림은 냄새를 잘 잡아야 맛있습니다. 번거롭더라도 돼지고기를 조림장에 조리기 전에 녹차잎 등을 넣고 꼭 삶아주세요. 고기를 조림장에 오래 담가두면 짜지기 때문에, 오래 두고 먹을 거라면 고기와 조림장을 분리해 놨다가 먹기 전에 조림장을 얹어 냅니다.

부드럽게 술술 넘어가는
가지나물

보랏빛이 예쁜 가지는 요리법이 아주 다양합니다. 볶아서 나물로 먹고, 전을 부쳐 먹기도 하고, 굴소스를 넣고 여러 채소와 볶아 꽃빵과 함께 먹기도 합니다. 가지를 튀겨서 탕수육 소스를 곁들이면 아이들 간식으로도 손색없습니다. 우리 가족은 살짝 쪄서 촉촉하게 나물로 무쳐먹는 것을 제일 좋아합니다. 가지는 95%가 수분이라 칼로리도 아주 낮고 보라색에는 암을 예방하는 안토시아닌 성분이 들어 있다고 하니 평소에 많이 먹어두는 게 좋겠습니다.

/ Recipes /

재료(4인분)

가지 ················· 2개(300g)

양념

송송 썬 쪽파 ············· 1큰술
다진 마늘 ········· 1과 1/2작은술
간장 ···················· 1큰술
참치액젓 ················ 1작은술
깨 ····················· 2작은술
참기름 ·················· 2작은술
소금 ···················· 1꼬집

1. **양념**을 분량대로 섞어서 준비합니다.

2. 가지를 3~4등분하고 손가락 크기로 자릅니다.

3. 가지는 찜통 뚜껑을 덮고 센불에서 3분간 쪄냅니다.
   쪄낸 가지는 꺼내서 식혀줍니다.

4. 가지에 **양념**을 넣고 조물조물 무쳐줍니다.

가지는 너무 오래 찌면 무칠 때 죽처럼 뭉개질 수 있어요. 찌고 나서 한 김 식혀줘야 모양이 잘 유지됩니다. 저는 심심하게 무쳤는데 기호에 따라 고춧가루와 간장을 더해도 좋습니다.

봄바람 따라 들썩이는 마음을 다스리는
원추리무침

봄철에 나오는 원추리로 가족 건강을 챙겨보세요. 비타민 C가 풍부한 원추리는 봄철 춘곤증 예방에 좋습니다. 원추리는 시름을 잊게 하는 풀이라고 해서 '망우초'라 불립니다. 우울증 예방에 특효라고 하니 봄날 들썩이는 마음을 다스리기 위해 꼭 먹어야 할 반찬입니다.

/ *Recipes* /

재료(4인분)

원추리 ································ 4줌(200g)
물 ······································· 1.2L

양념

매실액 ································ 2작은술
고추장 ······················· 1과 1/2큰술
참깨 ···································· 1작은술
다진 마늘 ··························· 2작은술
식초 ································· 1/2작은술
소금 ································· 1/3작은술

1. **양념**을 분량대로 섞어서 준비합니다.

2. 냄비에 원추리가 잠길 정도의 물을 넣고, 물이 끓어오르면 원추리를 넣고 센불에서 3분간 데쳐주세요.

3. 원추리는 물기를 꼭 짭니다.

4. 원추리에 **양념**을 넣고 조물조물 무쳐줍니다.

원추리는 하얀 밑부분이 많은 것이 달고 맛있습니다. 파란 부분은 데쳤을 때 조금 질깁니다. 원추리에는 관절염에 좋은 콜히친 성분이 포함되어 있는데, 원추리를 익히지 않고 생으로 먹으면 발열, 구토, 설사, 복통 등의 증상이 나타날 수 있습니다. 원추리는 반드시 끓는 물에 데쳐서 요리합니다.

정갈한 손님상

늘 먹는 반찬에 메인 요리 하나만 더한

12-Day

요리 실력을 떠나서 모든 주부에게 손님상 차리는 일은 커다란 스트레스입니다. 불고기나 갈비찜, 잡채 같은 흔한 요리로는 별다른 인상을 남길 수 없기 때문이지요. 하지만 메인 요리 하나만 잘 선정하면 평범한 반찬과 더불어 정갈하고 고급스러운 손님상을 차릴 수 있습니다. 탕수육의 익숙한 조리법을 그대로 가져오고 재료에만 약간 변화를 주는 것이지요.

Shopping Cart

| 북엇국 |
북어포 1줌(30g) ············ 2,400원
무 1토막(130g) ············· 180원
홍고추 1/2개(5g) ············ 50원
파 1/4대(20g) ················ 125원

| 레몬 가자미 탕수어 |
가자미 1마리(450g) ········ 7,500원
청피망 약간 ···················· 200원
홍피망 약간 ···················· 200원
주황색 피망 약간 ············ 200원
양파 약간 ························ 100원
파인애플 20g ················· 500원
오이 약간 ························ 100원
레몬 2조각(10g) ············· 100원
표고버섯 1개(20g) ·········· 200원

| 매운 감자조림 |
감자 2개(400g) ············ 1,000원

| 당귀나물 |
당귀 200g ···················· 2,000원

합계 : 14,855원

눈과 입이 즐거운
레몬 가자미 탕수어

쫄깃한 고기 탕수육도 좋지만 가족들의 건강을 생각해서 담백한 가자미를 탕수육처럼 튀겨 먹으면 어떨까요? 탕수 소스에 식초 대신 레몬즙을 넣으면 더욱 상큼하고 개운합니다. 가자미를 통으로 튀겨내면 모양이 고급스러워서 손님상의 메인 요리로 제격입니다.

재료(4인분)

가자미	1마리(450g)
소금	1/2작은술
전분	3큰술
청피망	약간(10g)
홍피망	약간(10g)
주황색 피망	약간(10g)
양파	약간(20g)
파인애플	20g
오이	약간(20g)
레몬	2조각(10g)
표고버섯	1개(20g)

소스

물	200ml
설탕	100g
간장	2큰술
식초	1큰술
레몬즙	1큰술

녹말물

전분	1큰술
물	2큰술

/ Recipes /

1. 가자미는 비늘을 벗긴 다음 내장을 떼어낸 후 소금을 뿌려 30분간 절입니다. 소금에 절이면 생선살이 단단해져 쉽게 부서지지 않습니다. 가자미 앞뒤로 전분을 묻혀줍니다.

2. 피망은 반을 갈라 씨를 제거한 뒤 한입 크기로 썰고, 표고버섯은 모양을 살려 썹니다. 오이와 레몬은 반달 모양으로 썰고 양파와 파인애플은 한입 크기로 썰어 준비합니다.

3. 냄비에 **소스** 재료를 넣고 중불에서 2~3분간 끓이다가, **녹말물**을 넣어 점도를 맞춥니다. 다듬어 놓은 채소와 파인애플, 레몬을 넣어 소스를 한소끔 끓입니다.

4. 가자미를 잘 튀겨서 소스와 함께 냅니다.

가자미는 비늘이 단단하게 붙어 있고 윤기가 있으며 배가 하얗고 탄력 있는 것이 신선한 것입니다. 가자미 비늘은 칼등을 세워 꼬리에서 머리 방향으로 문질러 벗깁니다.

레몬 가자미 탕수어

술 마신 다음 날 속 쓰림을 달래주는
북엇국

술 먹은 다음 날 속을 확 풀어주는 시원한 북엇국이에요. 북엇국에 콩나물 대신 달걀을 넣으면 부드럽게 술술 넘어갑니다. 술 마시고 입안이 까끌까끌하다며 빈속으로 출근하려는 남편을 식탁에 앉힐 수 있는 특급 해장국이지요. 북어에는 간의 피로를 풀어주는 성분이 가득합니다.

/ Recipes /

재료(4인분)

북어포	1줌(30g)
달걀	1개
무	1토막(130g)
홍고추	1/2개(5g)
대파	1/4대(20g)
국물용 멸치	10마리(10g)
다시마(5×5cm)	2장
물	1.2L
다진 마늘	1큰술
국간장	2작은술
참치액젓	1작은술

1. 북어포는 잘게 찢어 달걀물에 적셔둡니다.

2. 무는 나박썰기하고 파와 홍고추는 송송 썰어 준비합니다.

3. 냄비에 국물용 멸치와 다시마, 물을 넣고 중불에서 5분간 끓이다가, 국물이 끓어오르면 멸치와 다시마는 건져냅니다.
   국물에 무를 넣고 중불에서 3분간 익힌 다음, 달걀물에 적신 북어를 하나씩 건져 넣습니다.

4. 북엇국을 한소끔 끓이다가 다진 마늘, 국간장, 참치액젓, 홍고추와 파를 넣고 한소끔 더 끓여 완성합니다.

1

2

3

4

味수다 북엇국을 끓일 때는 국에 달걀물을 바로 넣지 마시고 북어포를 달걀물에 담갔다가 하나씩 건져 넣어주세요. 북어가 한결 부드러워지고 국물도 깔끔해집니다.

S라인 미인들의 반찬
매운 감자조림

감자를 볶아 먹는 것이 지겨울 땐 매콤한 양념에 조려보세요. 매콤하고 짭조름한 감자조림은 한 끼 반찬으로 좋습니다. 감자는 칼로리(한 알=110칼로리)가 낮고 식이섬유가 풍부해 다이어트에 좋은 식품입니다. 껍질째 삶은 감자는 바나나보다 식이섬유가 5.5배나 많습니다. 또 나트륨 배출을 돕는 칼륨이 풍부해서 저염식단을 짤 때 요긴한 재료입니다.

/ Recipes /

재료(4인분)

감자	2개(400g)
물	300ml
다시마(5×5cm)	1장
다진 쪽파	1큰술
참기름	1작은술
참깨	1작은술

양념

간장	2큰술
고춧가루	1큰술
고추장	1큰술
참치액젓	1작은술
다진 마늘	1작은술
설탕	1작은술
소금(기호에 따라)	약간

1. **양념**을 분량대로 섞어 놓습니다.

2. 감자는 먹기 좋은 크기로 잘라 찬물에 담가 전분기를 뺀 다음, 물과 다시마를 넣고 중불에서 3분간 삶아주세요. 물이 끓으면 다시마는 건져냅니다.

3. **2**에 **양념**을 넣고 뚜껑을 덮은 채로 중불에서 3분간 끓인 다음, 뚜껑을 열고 국물이 졸아들 때까지 약불에서 2분간 조립니다.

4. 감자조림에 참기름, 쪽파, 참깨를 넣고 섞어 줍니다.

1

2

3

4

노르스름하고 모양이 동글동글하며, 껍질이 매끈한 것이 좋은 감자예요. 껍질이 거칠게 일어나 있는 것은 일찍 수확한 감자로 쓴맛과 떫은맛이 날 수 있습니다. 감자를 냉장고에 보관하면 '아크릴아마이드'라는 유해물질을 생성하는 당이 증가합니다. 또 햇볕을 받으면 '솔라닌'이라는 독성 물질이 활성화된다니, 감자는 바람이 잘 통하는 어두운 곳에 보관하세요. 감자가 들어 있는 종이 상자 위아래로 신문지를 깔아두면 습기도 막고 햇볕으로부터 감자를 보호할 수 있습니다.

양념을 적게 넣어 향을 살린
당귀나물

향이 좋은 당귀를 삶아서 양념에 조물조물 무쳐 상에 내어보세요. 식탁 가득 향긋한 향이 진하게 퍼진답니다. 당귀의 향을 그대로 느끼고 싶으시다면 양념을 조금만 하세요. 마늘이나 파가 많이 들어가면 당귀 특유의 향이 약해집니다. 당귀는 특히 부인병에 효능이 있어 예로부터 시집가는 신부가 꼭 챙겨 가야 할 상비약이었다고 합니다. 생리 불순이나 냉증 등으로 고생하고 계시다면 꼭 한 번 요리해보세요.

/ Recipes /

재료(4인분)
당귀 ·················· 200g
물 ····················· 1.2L

양념
소금 ················· 1작은술
다진 마늘 ·········· 2작은술
참기름 ··············· 1작은술
참깨 ················· 1작은술

1. 당귀는 줄기와 잎을 잘라 준비합니다.

2. 냄비에 당귀가 잠길 정도로 물을 붓고 끓입니다.
   물이 끓어오르면 당귀 줄기를 먼저 넣고, 1분쯤 후에 잎을 넣고 센불에서 3~5분간 당귀잎을 데칩니다.
   잎이 연하면 3분, 질기면 5분간 데쳐주세요.

3. 분량의 **양념**을 준비합니다.

4. 당귀를 꼭 짜서 물기를 제거한 다음 **양념**을 넣고 조물조물 무쳐줍니다.

1

2

3

4

> 연한 당귀로 나물을 해야 질기지 않아요. 당귀가 억세면 데칠 때 조금 더 오래 데쳐주세요.
> 당귀는 불고기 샐러드에 넣어도 잘 어울리니 응용해서 요리해보세요. 당귀 향이 고기의 느끼한 맛을 덜어줘서 고기 먹을 때 쌈으로 드셔도 좋습니다.

미리 먹는 명절 음식

고소한 냄새가 집안 가득 퍼지는

13-Day

전 부치는 냄새가 집안에 고소하게 퍼지고 잡채 간을 보라고 어머니가 부르면 비로소 명절 분위기가 나는 것 같아요. 명절 전에 예행연습도 할 겸, 남편과 아이들을 식탁에 불러 모을 겸 잡채와 전을 만들어 보겠습니다. 전부 고기가 들어가는 요리지만 새콤달콤한 사과 부추무침을 곁들이면 느끼함을 느낄 새가 없습니다.

Shopping Cart

| 소고기 뭇국 |
소 양지머리 200g ········ 12,000원
무 2/5토막(300g) ········ 500원
대파 1대(80g) ············ 500원

| 모둠 버섯 잡채 |
표고버섯 2개(50g) ········ 400원
새송이버섯 3개(70g) ······ 700원
양송이버섯 2개(50g) ······ 500원
채 썬 소고기 100g ······ 2,000원
양파 1/4개(50g) ············ 125원
청피망 1/4개(20g) ········ 300원

| 사과 부추 무침 |
영양부추 1줌(50g) ······ 1,000원
사과 1/4개(70g) ············ 250원
양파 1/4개(50g) ············ 125원
어린잎채소 1/2줌(10g) ···· 175원

| 육전 |
홍두깨살 또는 사태 300g
·································· 10,000원

합계 : 28,575원

시원한 동동주를 부르는
육전

보들보들한 소고기에 잣가루를 듬뿍 무쳐 달걀옷 입혀 부쳐주면 담백한 육전이 됩니다. 호박전이나 동태전보다 손이 많이 가지만 특별한 날이 아니면 쉽게 맛볼 수 없는 전이라 어떤 자리에 내어도 인기가 좋습니다. 육전은 새콤하게 무친 파채와 곁들여도 좋고 비빔냉면에 고명처럼 얹어 먹어도 잘 어울립니다.

/ Recipes /

재료(4인분)

홍두깨살 또는 사태	300g
소금	조금
미림	조금
부침가루	6큰술
잣	2큰술

초간장

간장	1큰술
식초	1/2큰술
설탕	1/2큰술
물	1/2큰술
다진 양파	1/2큰술
다진 쪽파	1/2큰술

1. 키친타월에 소고기를 가지런히 얹은 다음, 소금과 미림을 섞어 소고기에 뿌려줍니다. 이때 분무기를 이용하면 고르게 뿌릴 수 있습니다.

2. 소고기와 키친타월을 돌돌 말아 요리하기 하루 전날 냉장고에 넣어 두세요. 그래야 고기가 연해집니다.

3. 잣을 비닐봉지에 넣고 방망이로 잘 다져 부침가루와 섞은 다음, 소고기에 묻혀줍니다.

4. 소고기는 달걀물을 입혀 기름을 두른 프라이팬에 올린 다음 약불에서 2~3분간 부쳐줍니다. **초간장**을 만들어 곁들입니다.

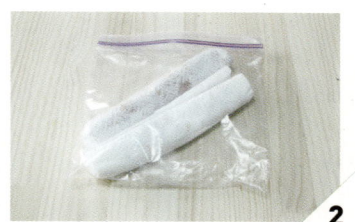

味수다 정육점에서 고기를 살 때 얇게 포를 떠달라고 하면 육전에 알맞게 손질해줍니다. 육전용 고기는 특별히 정해진 부위는 없지만, 기름기가 많은 부위는 담백한 맛이 떨어져 홍두깨살이나 사태, 채끝 부위를 많이 씁니다. 얇게 썬 불고기감으로 육전을 부쳐도 담백하고 맛있습니다.

한국인의 국
소고기 뭇국

소고기 뭇국은 한국인이라면 남녀노소 누구나 좋아하는 우리나라 대표 국입니다. 저희 식구들은 아침에 한 뚝배기씩 상에 내어주면 아무리 바빠도 바닥까지 싹싹 비워요. 싱싱한 한우 양지머리를 푹 고아 진하게 국물을 내고 대파랑 무를 넉넉히 썰어서 넣어주면 간단히 완성되는 국입니다.

/ Recipes /

재료(4인분)

소 양지머리	200g
무	2/5토막(300g)
대파	1대(80g)
다시마(5×5cm)	1장
물	1.7L
국간장	1작은술
참치액젓	1작은술
소금	1/3작은술
다진 마늘	1큰술

1. 양지머리는 물 500ml에 30분간 담가 핏물을 빼주세요.

2. 무는 나박썰기 하고 대파는 어슷하게 썰어줍니다.

3. 양지머리를 한입 크기로 잘라 국간장, 참치액젓을 넣고 중불에서 2~3분간 달달 볶아줍니다.

4. **3**에 물 1.2L와 다시마를 넣고 끓이다가 거품이 올라오면 다시마는 건지고 거품은 걷어줍니다.
   무와 소금을 넣고 뚜껑을 닫은 채로 중불에서 10분간 끓인 다음, 다진 마늘과 대파를 넣고 뚜껑을 닫은 채로 약불에서 20분간 끓입니다.

1

2

3

4

> 양지머리를 끓여낸 후 거품을 걷어주고 무를 넣어야 맑은 국을 만들 수 있어요. 양지머리와 무를 함께 넣고 끓이면 거품을 걷기가 번거로워지니 무는 나중에 넣어주세요.

각종 버섯들의 향연
모둠 버섯 잡채

심심하게 간을 한 당면에 버섯과 불고기를 고명으로 얹으면 모둠 버섯 잡채가 완성됩니다. 버섯을 잘 먹지 않는 아이들도 이렇게 요리해주면 남기지 않고 골고루 잘 먹습니다. 요리하다 남은 자투리 버섯을 처리하기에도 좋고, 한 끼 식사로도 든든한 요리입니다.

/ Recipes /

재료(4인분)

채 썬 소고기	100g
표고버섯	2개(50g)
새송이버섯	3개(70g)
양송이버섯	2개(50g)
청피망	1/4개(20g)
양파	1/4개(50g)
소금	약간
포도씨유	약간
당면	100g
참기름	1큰술
간장	2큰술
설탕	1큰술
참깨	약간
후추	약간

불고기 양념

간장	2작은술
다진 마늘	1/2작은술
설탕	1작은술
참기름	1작은술
소금	약간

1. 채 썬 소고기는 **불고기 양념**을 넣고 조물조물 무쳐 30분간 재워둡니다.

2. 프라이팬에 채 썬 버섯과 피망, 양파, 소금, 포도씨유를 넣고 2분간 볶아줍니다. 불고기도 물기 없게 볶아줍니다.

3. 당면은 끓는 물에 넣고 중불에서 7~8분간 삶은 다음, 찬물에 헹구고 체에 밭쳐 물기를 뺍니다.
   물기 뺀 당면은 프라이팬에 참기름을 넣고 달달 볶다가, 간장, 설탕, 소금을 넣고 중불에서 3분간 볶아줍니다.

4. **3**에 볶아둔 버섯과 고기, 채소를 넣고 소금, 후추로 간을 한 다음 약불에서 2분간 볶아줍니다.

> 味수다 삶은 당면은 물기를 빼고 참기름에 바로 볶아야 붙지 않아요. 기호에 따라 당근이나, 부추 등의 채소를 추가해도 좋습니다.

모둠 버섯 잡채

아삭아삭 새콤달콤한
사과 부추 무침

열이 많아 속이 찬 분들에게 좋은 영양부추를 비타민 가득한 사과와 함께 무쳐봤어요. 사과는 3~5mm 두께로 썰어 넣으면 식감이 좋아요. 너무 얇게 썰면 아삭한 식감이 사라지니 적당한 두께로 썰어주세요.

/ Recipes /

재료(4인분)

영양부추 ································· 1줌(50g)
사과 ····································· 1/4개(70g)
양파 ····································· 1/4개(50g)
어린잎채소 ··························· 1/2줌(10g)

양념

고춧가루 ······························· 1/2작은술
식초 ·· 1작은술
설탕 ····································· 1/2작은술
소금 ····································· 1/3작은술

1. 영양부추, 사과, 양파를 비슷한 크기로 썰어서 준비합니다.

2. 영양부추, 사과, 양파, 어린잎채소를 얼음물에 10분간 담근 다음 체에 밭쳐 물기를 빼주세요.

3. 물기를 뺀 채소에 **양념**을 넣고 살살 무쳐주세요.

1

2

3

채소는 얼음물에 담가서 준비해야 아삭한 식감도 살릴 수 있고 시원하게 먹을 수 있어요. 사과 부추무침은 삼겹살을 구워 먹을 때 곁들여도 좋습니다.
독특한 향이 입맛을 사로잡는 부추는 단백질, 철분, 비타민이 풍부하고 혈액 순환과 소화를 돕습니다. 부추에 풍부한 칼륨 성분은 나트륨을 몸 밖으로 배출하는 역할을 합니다. 또 정을 오래도록 유지해준다고 해서 정구지(精久持)라고 부르는 천연 자양강장제입니다. 샐러드로 먹을 때는 짧고 가는 영양부추가 아삭아삭 씹히는 식감이 더 좋습니다.

할머니 손맛 생각나는
구수한 시골 밥상

14-Day

조미료 잔뜩 들어간 바깥 밥에 질릴 때면 할머니가 차려주시던 담백한 시골 밥상이 떠올라요. 그때의 추억을 되살려 자극적이지 않고 입맛을 돋우는 메뉴들로 식단을 구성해봤습니다. 영양까지 고려한 구수한 시골 밥상으로 가족들의 원기를 북돋아 보세요.

─── Shopping Cart ───

| 등갈비 비지찌개 |
돼지 등갈비 350g ········ 10,000원
비지 300g ················· 1,000원
대파 1/4대(20g) ············· 125원

| 열무 된장무침 |
열무 1/6단(200g) ············ 400원
양파 약간 ··················· 100원
홍고추 1/2개(5g) ·············· 50원

| 황태구이 |
황태포 1마리(50g) ········· 4,500원

| 오징어 실채볶음 |
오징어 실채 1/2봉지(100g)
························· 1,000원

합계 : 17,175원

잘 익은 김치와 구수한 콩의 랑데부
등갈비 비지찌개

옛날에 어머니는 점심에 콩국수를 해먹고 나면 이때 생긴 비지에 김장김치 송송 썰어 넣고 비지찌개와 비지 전을 만들어 주셨어요. 뜨거운 비지찌개를 후후 불어 입에 넣으면 구수함이 절로 미소 짓게 하였죠. 따끈한 비지찌개 몇 순가락 밥에 넣고 쓱쓱 비비면 다른 반찬 없이도 한 그릇을 깨끗하게 비울 수 있습니다.

/ Recipes /

재료(4인분)

김장김치	1/3포기(300g)
돼지 등갈비	350g
녹차잎	약간
콩물 안 뺀 비지	300g
생강가루	약간
들기름	1큰술
다시마(5×5cm)	1장
물	900ml
다진 마늘	1큰술
대파	1/4대(20g)
참치액젓	1큰술
소금	1/2작은술

1. 김장김치를 물에 헹궈 고춧가루를 제거한 다음, 물기를 꼭 짜내고 작게 썹니다.

2. 등갈비는 물에 1시간 동안 담가 핏물을 뺀 다음, 냄비에 물, 녹차잎, 생강가루를 넣고 2~3분간 삶아냅니다.

3. 삶은 등갈비는 김치와 함께 들기름을 넣고 달달 볶다가, 다시마와 물 300ml를 넣고 뚜껑을 덮은 다음 중불로 10분 동안 끓입니다.

4. 다시마를 건져낸 후 비지, 물 600ml, 다진 마늘, 어슷하게 썬 대파, 참치액젓, 소금을 넣고 약불에서 2~3분간 끓입니다.

 1
 2
 3
 4

味수다 등갈비를 초벌로 삶을 때 오랜 시간 삶으면 육즙이 다 빠져나가 찌개의 깊은 맛이 사라지니 2~3분만 삶아주세요. 비지는 마트에서 사도 되고, 집에서 직접 만들어 먹어도 좋아요. 물에 하루 정도 불린 메주콩을 손으로 비벼 껍질을 벗긴 다음 믹서로 갈면 비지가 됩니다. 이때 너무 곱게 갈지 말고 콩이 약간 씹힐 정도로 갈아주면 식감이 좋아집니다.

등갈비 비지찌개

매콤한 양념이 맛있게 배어든
황태구이

생선 구이가 지겨울 땐 황태포를 매콤하게 양념하여 구워 먹으면 담백하고 맛있습니다. 저는 한 번에 여러 마리를 재워뒀다가 냉동실에 보관하고 그때그때 꺼내 구워 먹기도 해요. 부드러운 황태구이를 선호하면 양념에 녹말가루를 조금 넣어 요리해보세요.

/ Recipes /

재료(4인분)

황태포 ·················· 1마리(50g)
포도씨유 ······················· 약간

양념

고추장 ························· 1큰술
들기름 ························· 1큰술
설탕 ······················ 1/2작은술
간장 ··························· 1큰술
생강가루 ························ 조금
다진 마늘 ·················· 1/2큰술
다진 대파 ····················· 1큰술
고춧가루 ··················· 1작은술
올리고당 ··················· 1/2큰술

1. 황태포를 가위로 3등분합니다.

2. 황태포를 물에 담가 불린 다음, 체에 밭쳐 물기를 빼고 가시와 지느러미를 제거합니다.
   황태포 불리는 시간은 10분을 넘기지 마세요.

3. 분량의 **양념**을 섞어 양념장을 만든 다음 황태포에 발라 재워둡니다.
   양념을 바른 황태포는 하루 정도 재워둬야 양념이 쏙쏙 배어듭니다.

4. 프라이팬에 포도씨유를 조금 두르고 황태포를 약불에서 3~5분 정도 앞뒤로 구워줍니다.

味수다 황태포는 살이 연하고 누런빛을 띠는 것이 좋습니다. 또한 세로로 결이 있으면 신선하다는 증거예요. 황태 대가리는 모아뒀다가 육수 낼 때 사용하세요. 멸치와 다시마로만 육수를 낼 때보다 육수 맛이 훨씬 진하고 구수해집니다. 황태는 간을 보호해주는 아미노산이 풍부해서 숙취 해소에도 그만이지만, 콜레스테롤이 거의 없고 영양가가 높아 수험생이나 성장기 아동에게 특히 좋습니다.

조물조물 손맛 쏙쏙
열무 된장무침

열무는 한 단만 사도 요리할 게 참 많은 재료예요. 된장에 무쳐도 맛있고 찌개 또는 김치에도 활용되지요. 또한 열무는 혈중 콜레스테롤 수치를 낮춰주는 사포닌이 함유되어 고혈압, 동맥경화 등 혈관질환 환자에게 좋아요. 그래서 예로부터 몸에 열이 많은 사람은 인삼 대신 열무를 먹었다고 합니다.

/ Recipes /

재료(4인분)

양파	약간(20g)
홍고추	1/2개(5g)
소금	약간
물	700ml
열무	1/6단(200g)

양념

참깨	1작은술
다진 마늘	1작은술
참기름	1작은술
매실액	1/2큰술
된장	1큰술
고춧가루	1작은술

1. 양파와 홍고추는 채 썰고, 열무는 한 뼘 길이로 자릅니다.

2. 냄비에 물과 소금을 넣고 끓이다가 물이 끓으면 열무를 넣고 2~3분 동안 데칩니다.

3. 데친 열무는 꼭 짜서 물기를 제거한 다음, 준비한 **양념**을 넣고 조물조물 무칩니다.

4. 채 썬 양파와 홍고추를 넣고 다시 한 번 무칩니다.

1

2

3

4

> 열무는 대를 꺾었을 때 잘 꺾이는 것이 연하고 싱싱한 거예요. 열무를 데칠 때는 줄기부터 먼저 넣고 나중에 잎을 넣으면 고르게 잘 데쳐집니다.

손질에서 요리까지 5분이면 완성하는
오징어 실채볶음

밑손질이 필요 없는 오징어 실채볶음입니다. 가위로 한 번 슥 잘라준 뒤 양념에 볶아주면 끝나는 간단한 요리죠. 매콤한 게 좋으면 고춧가루를 첨가해서 기호에 맞게 양념해서 드세요. 오징어 실채는 이미 조미된 상태로 판매되기 때문에 설탕보다는 올리고당이나 아가베시럽으로 양념하는 게 좋아요. 설탕을 넣으면 너무 달아집니다.

/ Recipes /

재료(4인분)

오징어 실채 ········ 1/2봉지(100g)
참기름 ················· 2작은술
참깨 ··················· 1작은술

양념

간장 ················· 1과 1/2큰술
포도씨유 ················ 1작은술
다진 마늘 ··············· 1작은술
아가베시럽(또는 꿀) ······· 1큰술
올리고당 ················· 1큰술
물 ······················· 1큰술

1. 양념을 분량대로 섞어줍니다.

2. 프라이팬에 양념을 넣고 약불로 살짝 끓여줍니다.

3. 양념이 끓어오르면 오징어 실채를 넣고 약불에서 젓가락으로 짜장면 비비듯이 버무립니다.

4. 오징어 실채에 양념이 골고루 묻으면 불을 끄고 참깨와 참기름을 넣고 한 번 더 버무립니다.

오징어 실채는 센불에서 요리하면 쉽게 탈 수 있으니 약불에서 살짝만 볶으세요. 오징어 실채를 볶기 전에 실채의 뭉쳐 있는 부분을 풀어줘야 골고루 잘 볶아지니, 가위로 두 번 정도 자르고 볶으세요.

오징어 실채볶음

일품요리 02

간단하게 즐기는 샌드위치

- 크루아상 샌드위치
- 닭가슴살 크랜베리 샌드위치
- 불고기 샌드위치

크루아상 샌드위치

재료(1인분) 크루아상 1개, 하인즈 피클 1큰술, 양상추 2장, 머스터드소스 1큰술, 토마토 1조각, 사과 1조각, 양파 2조각, 안심 수제햄 2장, 치즈 1장

1 크루아상을 반으로 가른 후 아래쪽 빵에는 피클을 올려주고 위쪽 빵에는 머스터드소스를 바릅니다. **2** 크루아상에 양상추를 깔고 0.5cm 두께로 썬 토마토를 올립니다. **3** 0.5cm 두께로 썬 사과와 얇게 썬 양파 2조각, 0.5cm 두께로 썬 수제햄과 치즈를 올립니다. **4** ❸에 양상추와 크루아상을 올리고 이쑤시개를 꽂아 샌드위치를 고정합니다.

닭가슴살 크랜베리 샌드위치

재료(1인분) 닭가슴살 100g, 말린 크랜베리 2큰술, 마요네즈 1큰술, 하인즈 피클 2큰술, 후추 약간, 소금 약간, 호밀빵 2개, 로메인 상추 1장, 버터 약간

1 삶은 닭가슴살을 잘게 찢어 크랜베리, 마요네즈, 피클을 넣고 버무린 다음 후추와 소금을 넣어 간을 맞춥니다. **2** 프라이팬에 기름을 두르지 않고 호밀빵을 노릇하게 굽고 로메인 상추를 씻어서 준비합니다. **3** 호밀빵 한 면에 버터를 바르고, 다른 호밀빵 위에 로메인 상추를 깔고 ❶을 얹습니다. **4** ❸위에 로메인 상추 1장과 버터 바른 호밀빵을 얹습니다.

불고기 샌드위치

재료(1인분) 소고기 불고기감 120g, 치아바타 빵 1개, 오이피클 3개, 머스터드소스 3큰술, 치즈 1장, 로메인 상추 1장, 종종 썬 칠리페퍼, 발사믹식초와 올리브유에 볶은 양파, 슬라이스한 파인애플 1개
불고기 양념 다진 마늘 1작은술, 간장 2/3큰술, 참기름 1/2큰술, 깨소금 1작은술, 설탕 1/2큰술, 올리고당 1/2큰술

1 불고기를 양념과 함께 조물조물 무친 다음 프라이팬에 볶아줍니다. **2** 반으로 가른 치아바타 빵에 머스터드소스를 바르고 로메인 상추와 볶은 양파를 올립니다. **3** 잘게 다진 오이피클과 볶은 불고기를 올립니다. **4** 치즈, 파인애플, 종종 썬 칠리페퍼, 머스터드소스를 얹고 로메인 상추와 나머지 빵을 얹습니다.

손님맞이 상차림

요리 솜씨 뽐낼 수 있는

15-Day

집에 손님이 찾아올 때면 눈앞이 깜깜해지는 주부들이 많을 거예요. 특히 시부모님이 방문하셨을 때 아무 요리나 낼 수 없어 막막했던 경험이 한 번쯤은 있지 않나요? 오늘은 어렵지 않게 손님상을 차리는 노하우를 알려드릴까 해요. 조금만 시간과 정성을 들이면 누구나 쉽게 따라 할 수 있습니다.

Shopping Cart

| 항정살 데리야키 |
- 항정살 600g ············ 18,000원
- 사과 1/4개(50g) ············ 250원
- 양파 1/4개(50g) ············ 125원
- 대파 1/2대 ············ 250원

| 아몬드 멸치 고추장무침 |
- 아몬드 6큰술(60g) ············ 1,000원
- 중멸치 20~30마리(40g) ············ 2,000원
- 양파 1/6개(30g) ············ 100원
- 쪽파 약간 ············ 50원

| 해물 된장찌개 |
- 모시조개 100g ············ 1,600원
- 새우 100g ············ 3,000원
- 미더덕 50g ············ 1,000원
- 꽃게 150g ············ 2,900원
- 무 1/8토막(100g) ············ 125원
- 양파 1/4개(50g) ············ 125원
- 애호박 1/2개(100g) ············ 600원
- 청고추 1개(10g) ············ 100원
- 홍고추 1개(10g) ············ 100원
- 대파 1/4대(20g) ············ 125원

| 오징어 돌나물 초무침 |
- 오징어 1마리 ············ 1,000원
- 돌나물 2줌(70g) ············ 200원
- 양파 1/6개(30g) ············ 100원
- 오이 1/2개(80g) ············ 300원

합계 : 33,050원

색다른 돼지구이
항정살 데리야키

자주 먹는 돼지고기를 색다르게 요리해볼까 합니다. 부드럽고 고소한 항정살에 달콤 짭조름한 데리야키 소스를 발라 굽는 것이지요. 항정살이 부드러워서 아이들도 잘 먹고 이가 약한 어르신도 편하게 드실 수 있습니다. 반짝반짝 윤기나게 구워진 항정살에 쌈채소를 곁들여 예쁘게 담아내면 특별한 비법 없이도 멋있는 손님용 요리가 완성됩니다.

/ Recipes /

재료(4인분)

항정살	600g
대파	1/2대(40g)
녹차잎	1작은술
물	1L

데리야키 소스

간장	3큰술
물	7큰술
생강즙	1큰술
설탕	3큰술
미림	3큰술
다시마(5×5cm)	1장
올리고당	1큰술
사과	1/4개(50g)
양파	1/4개(50g)
마늘	3쪽(10g)

1. 냄비에 대파, 녹차잎, 물을 넣고 끓이다가 대파가 익으면 항정살을 넣고 뚜껑을 덮은 채로 중불에서 3~5분 정도 삶아줍니다.

2. 다른 냄비에 **데리야키 소스** 재료를 넣고 끓이다 소스가 끓어오르면 약불에서 3분간 조려줍니다.
데리야키 소스는 체에 거른 다음 건더기는 버립니다.

3. 프라이팬에 항정살, **2**의 데리야키 소스를 넣고 약불에서 8~10분간 구워줍니다.

4. 고기에 양념이 골고루 스며들 수 있도록 중간중간 고기를 뒤집어줍니다.

항정살은 결 반대 방향으로 썰어야 부드럽게 드실 수 있어요. 고기 손질하는 게 어렵다면 로스용으로 손질된 고기를 사도 됩니다. 비계가 확실히 제거된 고기를 사야 구웠을 때 고기가 동그랗게 말리지 않습니다.

구수하고 시원한
해물 된장찌개

된장찌개에 싱싱한 해물을 넣어서 끓이면 이만한 보약이 따로 없지요. 바다가 지척에 있는 시댁에 가면 어머니께서 싱싱한 해물과 직접 담근 된장으로 뚝딱 끓여주곤 하셨어요. 지금은 제가 아이들을 위해, 또 손님들을 위해 끓이는 단골 메뉴가 되었네요.

/ Recipes /

재료(4인분)

국물용 멸치	10마리(10g)
다시마(5x5cm)	1장
물	800ml
된장	2큰술
무	1/8토막(100g)
양파	1/4개(50g)
모시조개	100g
새우	100g
미더덕	50g
꽃게	1마리(150g)
애호박	1/2개(100g)
대파	1/4대(20g)
다진 마늘	1큰술
청고추	1개(10g)
홍고추	1개(10g)
고춧가루	1/2큰술
참치액젓	1작은술

1. 냄비에 국물용 멸치, 다시마, 물을 넣고 뚜껑을 덮은 채로 중불에서 5분간 끓여주세요. 육수가 끓으면 멸치와 다시마는 건져냅니다.

2. 1에 된장, 나박 썬 무, 굵게 채 썬 양파를 넣고 뚜껑을 덮은 채로 중불에서 3분간 끓입니다.

3. 2에 손질한 해물을 넣고 한소끔 끓여주세요.
   (해물 손질법은 360쪽 '요리 시간을 반으로 줄이는 재료 손질법' 참조)

4. 3에 반달 모양으로 썬 애호박, 어슷 썬 대파, 다진 마늘, 청고추와 홍고추를 넣고 중불에서 2분간 끓여주세요.
   고춧가루와 참치액젓을 넣어 마무리합니다.

향긋한 바다 내음이 나는 미더덕은 4~5월이 제철입니다. 미더덕은 소금물에 담가 겉에 붙어 있는 석화 등의 이물질을 떼어내고, 여러 번 흔들어 씻습니다. 뜨거운 미더덕을 씹다가 입을 데인적 없으신가요? 미더덕을 손질할 때 칼집을 내서 물을 빼내고 큰 것은 반으로 잘라 혹시 모를 불상사에 대비합니다.

간단해서 더 좋은
아몬드 멸치 고추장무침

밑반찬 없을 때 뚝딱 버무려서 간단히 만들어 먹을 수 있는 밑반찬이에요. 불도 많이 사용하지 않고 간편하게 만들 수 있어 노력 대비 효과 만점인 밑반찬입니다. 아몬드는 칼슘의 흡수를 돕는 마그네슘이 풍부해서 멸치와 영양 면에서 환상의 짝꿍입니다.

/ Recipes /

재료(4인분)

아몬드	6큰술(60g)
중멸치	20~30마리(40g)
양파	1/6개(30g)
다진 쪽파	1/2큰술

양념

고추장	2큰술
올리고당	1큰술
참기름	1/2큰술
참깨	1/2큰술
아가베시럽(또는 꿀)	1큰술
생강가루	조금

1. 멸치는 내장과 머리를 떼어 냅니다.

2. 프라이팬에 기름을 두르지 않고 멸치를 1~2분간 볶아 비린내를 제거합니다.

3. 준비한 **양념**을 섞어주세요.

4. 양념에 한입 크기로 썬 양파, 다진 쪽파, 볶은 멸치, 아몬드를 넣고 버무립니다.

1

2

3

4

멸치를 볶은 다음 요리해야 눅눅하지 않고 맛있게 드실 수 있어요. 볶은 멸치는 체에 밭쳐 가루를 털어준 뒤 요리하면 좀 더 깔끔합니다.

파릇한 들판을 한 접시에 담다
오징어 돌나물 초무침

돌나물에 데친 오징어를 송송 썰어 넣고 초고추장을 얹으면 새콤달콤 맛있는 오징어 돌나물 초무침이 됩니다. 어머님이 가꿔놓으신 꽃밭에서 자란 싱싱한 돌나물로 요리했더니 향이 더 진하네요. 오징어 돌나물 초무침은 기름기 많은 요리와 궁합이 잘 맞습니다. 돌나물은 너무 버무리면 풋내가 나므로 살살 버무리세요.

/ Recipes /

재료(4인분)

돌나물	2줌(70g)
양파	1/6개(30g)
오이	1/2개(80g)
오징어 몸통	1마리(150g)

양념

2배 식초	1큰술
고추장	1큰술
올리고당	1큰술
참깨	1큰술
매실액	1작은술
소금	약간

1. 양파는 채 썰고 오이는 반을 갈라 반달모양으로 썹니다. 돌나물은 물에 살살 헹궈서 물기를 제거합니다.

2. 오징어 몸통은 껍질을 벗긴 다음 안쪽에 열십(十)자 모양으로 칼집을 내고 끓는 물에 통으로 삶습니다.

3. 오징어가 돌돌 말리면 꺼내서 1~1.5cm 두께로 썰어줍니다.

4. 볼에 **양념**, 데친 오징어, 돌나물을 넣고 살살 버무려줍니다.

금방 먹을 거라면 오이는 소금에 절이지 않아도 되지만 오래 두고 먹는다면 소금에 절인 다음 물기를 꼭 짜고 요리해야 음식에 물이 생기지 않습니다.

오징어 돌나물 초무침

나들이 도시락

어른스러운 맛으로 채운

계절이 바뀌면 등산, 야유회, 꽃구경 등 나들이 갈 일이 많아집니다. 맑은 공기와 푸른 자연 속에서 먹는 도시락은 꿀맛이지요. 나들이 갈 때 뻔한 김밥이나 샌드위치 대신 쌈밥과 국물이 흐르지 않는 맛깔스러운 반찬으로 도시락을 싸보세요. 센스 있는 주부로 등극하는 일은 그리 어렵지 않습니다.

16 - Day

Shopping Cart

| 수제 떡갈비 |
한우 다짐육 600g ········ 18,000원

| 단호박 멸치 조림 |
단호박 1/3개(300g) ······ 1,000원
지리멸치 6큰술 ·········· 1,500원
해바라기씨 2큰술 ·········· 300원

| 참깨 샐러드 |
양상추 1/4통(120g) ········ 600원
어린잎채소 1줌(20g) ······· 350원
연근 2~3쪽(30g) ·········· 500원
래디시 또는 비트 약간
 ···························· 200원

| 호박잎쌈과 우렁이 쌈장 |
호박잎 1/2단 ············ 1,000원
양파 1/6개(30g) ············ 100원
우렁이 100g ············ 2,000원
표고버섯 1개(20g) ·········· 200원
양송이버섯 1개(20g) ······· 200원
청양고추 1개(8g) ············ 100원

홍고추 1개(10g) ············ 100원
애호박 1/8개(30g) ·········· 150원
오이 약간 ················ 100원
견과류 1큰술 ·············· 500원
한우 다짐육 100g ········ 3,000원

🛒 합계 : 29,900원

함박스테이크를 울린
수제 떡갈비

남녀노소 누구나 좋아하는 달달한 떡갈비. 막 구운 떡갈비를 뜨끈한 밥에 얹어 먹으면 입안에서 살살 녹는 맛이 일품입니다. 쫄깃한 식감을 즐긴다면 갈빗살을 다져 요리하면 좋습니다. 아스파라거스나 양파 등 좋아하는 채소를 오븐에 구워서 곁들이면 일품요리로도 손색없습니다.

/ Recipes /

재료(4인분)

한우 다짐육	600g
포도씨유	약간

양념

간장	3큰술
설탕	2큰술
맛술	1큰술
송송 썬 대파	1큰술
배즙	4큰술
양파즙	2큰술
참기름	1큰술
다진 마늘	1큰술
깨소금	1큰술
올리고당	1큰술
후추	약간
잣가루	약간

1. 한우 다짐육에 갖은 **양념**을 합니다.

2. 양념한 고기를 찰기가 느껴질 때까지 여러 번 주무릅니다.
   시간 여유가 있다면 하루 동안 냉장고에서 숙성해주세요.

3. 떡갈비 반죽을 적당한 크기로 잘 나누어서 모양을 잡아줍니다.

4. 프라이팬에 포도씨유를 두른 후 떡갈비를 올려주세요.
   처음에는 뚜껑을 덮고 약불에서 2~3분간 굽다가 육즙이 나오기
   시작하면 육즙을 떡갈비에 끼얹으며 굽습니다.
   한쪽 면이 다 익으면 뒤집어서 약불에서 3~5분간 더 구워줍니다.

味수다 고기는 키친타월로 핏물을 뺀 후 요리하세요. 소고기를 양념에 재워서 하루 정도 냉장고에서 숙성하면 간도 잘 맞고 훨씬 부드러워집니다. 떡갈비를 구울 때 너무 구우면 딱딱해집니다. 각 가정마다 불의 세기가 다를 수 있으므로 약불에서 떡갈비 상태를 보아가며 노릇노릇 구워주세요.

여름에만 맛볼 수 있는 별미 쌈밥
호박잎쌈과 우렁이 쌈장

어린 시절 여름이면 담장에 자란 호박잎을 뚝 끊어서 밥 뜸들일 때 얹어 살짝 찐 다음 쌈을 싸 먹었습니다. 재래시장이나 행상 나온 할머니들의 소쿠리에서 호박잎을 발견하면 그 시절 추억이 떠올라 반갑습니다. 연한 호박잎만 쌈으로 먹을 수 있기 때문에 호박잎쌈은 찬 바람이 불기 전까지만 맛볼 수 있는 별미입니다. 오늘은 우렁이 쌈장과 소고기 고추장을 만들어 호박잎쌈을 만들어보겠습니다.

/ Recipes /

재료(4인분)

호박잎 ·············· 1/2단(100g)

우렁이 쌈장

국물용 멸치 ············ 10마리(10g)
다시마(5x5cm) ················· 1장
물 ························· 500ml
표고버섯 ················· 1개(20g)
양송이버섯 ··············· 1개(20g)
애호박 ················· 1/8개(30g)
양파 ·················· 1/6개(30g)
우렁이 ····················· 100g
다진 마늘 ················· 2작은술
고춧가루 ··················· 2작은술
참치액젓 ··················· 1작은술
청양고추 ·················· 1개(8g)
홍고추 ··················· 1개(10g)
들기름 ···················· 2작은술
다진 오이 ··················· 1큰술
아몬드 ····················· 1큰술

소고기 고추장

한우 다짐육 ················· 100g
견과류 ······················ 1큰술
참깨 ······················· 1큰술
참기름 ····················· 1큰술

고기 양념

참기름 ··················· 1/2큰술
간장 ······················· 1큰술
다진 대파 ················· 2작은술
다진 마늘 ················· 1작은술
설탕 ····················· 1작은술
미림 ····················· 1작은술

고추장 양념

고추장 ····················· 5큰술
다진 대파 ··················· 1큰술
다진 마늘 ··················· 1큰술
꿀 ························· 1큰술

1. 호박잎은 줄기를 꺾어서 잡아당기면 억센 섬유질이 실처럼 벗겨집니다. 섬유질은 잎까지 뻗어 있으니 세심하게 벗겨 냅니다.
2. 찜통에 물을 넣고 끓으면 호박잎을 넣은 다음 중불에서 5분간 찐 다음, 호박잎을 꺼내 쟁반에 넓게 펴서 식혀줍니다.

우렁이 쌈장

1. 냄비에 국물용 멸치, 다시마, 물 500ml를 넣고 5분간 끓이다가 멸치와 다시마는 건져냅니다. 2. 표고버섯, 양송이버섯, 호박, 양파를 작게 썬 다음 된장과 함께 1에 넣고 약불에서 10분간 조립니다. 3. 2에 우렁이를 넣고 3분간 볶듯이 끓여줍니다. 4. 3에 다진 마늘, 고춧가루, 참치액젓, 송송 썬 고추, 들기름을 넣고 한소끔 끓여주세요. 5. 불을 끄고 오이와 아몬드를 다져 넣습니다(오이는 된장이 짤 때 설탕 대신 넣습니다).

소고기 고추장

1. 소고기를 **고기 양념**에 1시간 정도 재워줍니다.
2. 냄비에 **1**을 넣고 국물이 조려질 때까지 볶아줍니다.
3. **2**에 **고추장 양념**을 넣고 볶다가, 참기름, 참깨, 견과류를 섞어줍니다.

자꾸만 손이 가는 반찬
단호박 멸치 조림

비타민과 무기질이 많아 면역력 향상에 도움이 되는 단호박을 멸치와 견과류를 넣고 조렸습니다. 견과류의 고소한 맛, 멸치의 짭조름한 맛, 단호박의 달콤한 맛이 어우러져 그냥 먹어도 맛있는 반찬이에요. 단호박은 죽, 수프, 주스, 밥, 조림 등 여러 가지 요리에 활용할 수 있고, 성장기 어린이뿐 아니라 남녀노소 누구에게나 좋은 영양 만점 식재료입니다.

/ *Recipes* /

재료(4인분)

단호박·················1/3통(300g)
지리멸치·····················6큰술
해바라기 씨················2큰술
다진 대파·····················1큰술

양념

간장····························3큰술
다시마(5×5cm)··············1장
미림····························1큰술
포도씨유······················1큰술
올리고당······················1큰술
물······························100ml

1. 단호박은 씨를 파내고 한입 크기로 썰어주세요.

2. 냄비에 **양념** 재료를 넣고 중불에서 5분간 뚜껑을 연 채 조리다가 다시마를 건져내고 썰어놓은 단호박을 넣습니다.

3. 양념이 다 조려질 때까지 저어주며 볶다가, 살짝 볶은 지리멸치를 넣고 뒤적인 다음 불을 끕니다.

4. **3**에 해바라기 씨와 다진 대파를 넣고 버무립니다.

좋은 멸치 고르는 법을 알아볼까요.

① 맛을 봤을 때 짠맛이 덜하고 구수하고 단맛이 나는 것을 고른다.
② 멸치 머리가 떨어져 있거나 배가 터진 것, 비늘이 벗겨져 있는 것, 많이 뒤틀려 있는 것은 피한다.
③ 볶음용 멸치는 만져봤을 때 약간 촉촉한 느낌이 있는 것을 고른다.
④ 작은 멸치는 흰빛이 도는 약간 투명한 것, 큰 멸치는 은빛이 나는 것을 고른다.

노화 시계를 멈추는
참깨 샐러드

생채소를 많이 먹기에 샐러드만큼 좋은 음식이 없지요. 오늘은 고소한 참깨 드레싱을 곁들인 샐러드를 만들어 볼 것입니다. 참깨의 고소한 풍미 덕분에 마요네즈를 조금만 넣어도 고소하게 즐길 수 있습니다. 참깨는 비타민 E, 칼슘 등이 풍부하고, 항산화 작용을 해서 노화를 늦추는 효과가 있습니다. 참깨의 효능을 제대로 보려면 하루에 밥숟가락으로 한 숟가락 정도 먹으면 좋다고 합니다.

/ Recipes /

재료(4인분)

연근	2~3쪽(30g)
식초	1큰술
양상추	1/4통(120g)
어린잎채소	1줌(20g)
래디시(또는 채 썬 비트)	약간(10g)

참깨 드레싱

마요네즈	4와 1/2큰술
깨소금	2와 1/2큰술
간장	1/2큰술
올리고당	1/2큰술
설탕	1/2큰술
소금	약간

1. 연근은 껍질을 벗기고 얇게 썬 다음 끓는 물에 식초 1큰술을 넣고 2~3분간 데쳐줍니다.
   연근은 생으로 먹어도 되지만 식초 물에 데치면 아린 맛도 없어지고 갈변 현상도 막을 수 있습니다.

2. 양상추는 한입 크기로 뜯고, 래디시는 동그랗게 자릅니다.
   양상추와 래디시, 어린잎채소는 얼음물에 담가놓습니다.

3. **참깨 드레싱** 재료를 분량대로 섞어줍니다.

4. 얼음물에 담근 채소는 물기를 뺀 다음 참깨 드레싱과 잘 버무려줍니다.

1

2

3

4

참깨 드레싱은 냉장고에 차게 보관했다 먹으면 더 맛있습니다. 드레싱을 냉장고에 오래 보관하면 마요네즈가 분리되니 먹기 전에 잘 섞어 드세요. 참깨 드레싱은 돈가스에 곁들이는 양배추 샐러드와 두부를 구워 채소와 함께 내는 두부 샐러드에도 잘 어울립니다.

대장 쾌청 밥상

뿌리 채소로 힘을 불어넣는

연근은 '진흙 속의 보물'이라고 불립니다. 비타민 C와 단백질, 무기질이 풍부해 피부 건강과 피로 회복에 좋고 체내 독소 제거에도 효과적입니다. 비타민 C와 칼륨이 풍부한 감자 역시 연근 못지않게 건강에 좋은 식품이지요. 감자와 연근 모두 식이섬유가 풍부해 변비 환자에게 좋습니다. 오늘은 여기에 미역까지 더했으니, 우리 가족의 장 건강은 걱정하지 않아도 되겠습니다.

17 - Day

Shopping Cart

| 감자 들깨 미역국 |
미역 250g ············ 1,000원
감자 1개(150g) ······· 700원

| 닭봉 닭날개 칠리구이 |
닭날개 350g ·········· 5,200원
닭봉 350g ············ 5,200원

| 연근조림 |
연근 3뿌리(300g) ····· 3,600원
마늘종 2줄기(30g) ····· 180원

| 콩나물무침 |
콩나물 6줌(300g) ····· 1,500원

 합계 : 17,380원

따끈하게 한 그릇 비우면 속이 든든한
감자 들깨 미역국

포슬포슬한 감자와 고소한 들깻가루로 미역국을 끓였습니다. 아침에 학교로, 회사로 발걸음을 옮기는 가족들에게 뜨끈하게 한 그릇 먹이기 좋아요. 감자를 넣어서 국만 먹어도 속이 든든합니다. 리놀렌산이 풍부한 들깨는 뇌세포 발달에 도움을 주어서 학습능력을 높여주고 노인들의 치매 예방에도 좋습니다. 가족의 건강을 위해 들깨가 들어간 음식을 자주 해 드세요.

/ Recipes /

재료(4인분)

불린 미역	250g
감자	1개(150g)
들기름	1큰술
국간장	2큰술
물	1.2L
들깻가루	2큰술
참치액젓	1큰술
소금	약간

1. 미역은 먹기 좋은 크기로 잘라 물에 10분 정도 불립니다.

2. 감자는 큼직하게 썰어 물에 잠깐 담가 전분기를 뺍니다.

3. 냄비에 미역과 들기름, 국간장을 1큰술씩 넣고 중불에서 5분간 달달 볶아줍니다.

4. **3**에 물, 감자, 들깻가루를 넣고 뚜껑을 닫은 채 중불에서 5분간 끓여줍니다.
   국간장 1큰술, 참치액젓 1큰술, 소금 약간을 넣어 간을 하고 뚜껑을 닫은 채로 약불에서 3분간 끓입니다.

미역은 검정에 가깝게 색이 진하고 줄기보다 잎이 많고, 두꺼운 것이 좋습니다. 미역을 불릴 때는 꼭 찬물에 불려야 맛과 향이 빠져나가지 않고 끓였을 때도 쉽게 풀어지지 않습니다.

양념치킨보다 맛있는
닭봉 닭날개 칠리구이

아이들 체험 학습 또는 소풍 갈 때 도시락으로 싸주거나, 가끔 치킨이 먹고 싶다고 할 때 구워서 먹이는 닭 칠리구이예요. 매콤한 양념이 들어가 느끼하지 않고 기름기도 없어 담백합니다. 닭날개에는 콜라겐 성분이 듬뿍 들어 있어 피부 미용에도 좋습니다.

/ Recipes /

재료(4인분)
- 닭날개 ········· 350g
- 닭봉 ··········· 350g

닭 밑간
- 미림 ··········· 2큰술
- 소금 ··········· 1/2큰술
- 후추 ··········· 약간

소스
- 칠리소스 ······· 3큰술
- 올리고당 ······· 1큰술
- 케첩 ··········· 1큰술
- 미림 ··········· 1큰술
- 간장 ··········· 1큰술
- 핫소스 ········· 1큰술
- 포도씨유 ······· 1큰술
- 후추 ··········· 약간
- 바질가루 ······· 약간
- 견과류 ········· 약간

1. 닭날개, 닭봉을 미림, 소금, 후추에 재워 하루 동안 숙성시켜줍니다.

2. 닭을 190도로 예열한 오븐에서 30분간 앞뒤로 노릇노릇 구워줍니다.

3. 프라이팬에 **소스** 재료를 넣고 약불에서 3분간 끓입니다.

4. **3**에 닭을 넣고 약불에서 10분간 조린 후 바질가루를 뿌립니다.

1

2

3

4

味수다
닭은 밑간해서 하루 전에 재워두어야 간이 골고루 배어듭니다. 닭을 미리 재워두지 못했다면 닭 표면에 칼집을 내거나 포크로 찔러 구멍을 내면 시간을 단축할 수 있습니다.
닭은 표면을 바삭하게 구워야 나중에 소스에 조렸을 때 식감이 쫀득쫀득합니다. 오븐으로 닭을 구울 때 종이 포일을 깔아두면 설거지하기 편합니다.

식감도 모양도 재미있는
연근조림

구멍이 숭숭 뚫린 재미있는 모양에 쫀득쫀득 아삭아삭 식감이 좋은 연근. 우리 집은 아이들이 우엉보다 연근을 좋아해서 밑반찬으로 연근 조림을 자주 만듭니다. 연근은 귤보다 비타민 C가 많아 피로 회복, 스트레스 해소에 좋다고 합니다. 얇게 썬 연근은 기름에 튀겨 연근칩을 만들거나, 말려서 차로도 즐깁니다.

/ Recipes /

재료(4인분)
연근	3뿌리(300g)
식초	2~3방울
마늘종	2줄기(30g)
참기름	1작은술
참깨	1작은술
생강가루	조금

조림장
물	600ml
간장	4큰술
설탕	1큰술
조청	2큰술
미림	1큰술
다시마(5×5cm)	1장

1. 냄비에 **조림장** 재료를 넣고 한소끔 끓여주세요.

2. 연근은 껍질을 벗기고 0.5cm 두께로 통썰어서 식초 2~3방울을 떨어뜨린 물에 5분간 담가줍니다.

3. **1**에 연근을 넣고 뚜껑을 덮은 채로 중불에서 30분간 조립니다.

4. 뚜껑을 열고 연근 위에 조림장을 끼얹으면서 중불에서 5분간 조리다가, 마늘종을 넣고 뒤적입니다.
조림장에 들어간 다시마를 건져 작게 썰어 넣은 다음 참기름, 참깨, 생강가루를 넣고 섞어줍니다.

조금 번거롭더라도 연근은 껍질이 있는 것을 사서 필러로 벗겨서 쓰세요. 하얗게 다듬어져 나온 것은 중국산이 많습니다. 연근은 굵고 단단하며 들었을 때 묵직하고, 상처가 없는 것을 고릅니다.

싸고, 맛있고, 영양 많은 기본 반찬
콩나물무침

콩나물은 싸고 맛있고 영양이 풍부해서 주부들이 사랑하는 식재료입니다. 콩나물 천 원어치면 다른 재료 추가하지 않고도 국과 반찬이 뚝딱 완성되니, 사랑하지 않을 수가 없지요. 어렸을 땐 콩나물 먹어야 키가 쑥쑥 큰다는 말에 어머니에게 매일 콩나물 반찬을 해달라고 졸랐던 기억이 있습니다. 그런 제가 이제 엄마가 되어 아이들에게 콩나물 반찬을 해주고 있네요. 세월 참 빠른 것 같습니다.

재료(4인분)

콩나물 ··············· 6줌(300g)
물 ··················· 400ml

양념

다진 대파 ············· 1큰술
다진 마늘 ············· 1작은술
깨소금 ··············· 1작은술
참기름 ··············· 1작은술
소금 ················· 1/2작은술
참치액젓 ············· 약간

/ Recipes /

1. **양념**을 분량대로 섞어서 준비합니다.

2. 냄비에 물 400ml를 넣고 끓이다가 콩나물을 넣고 중불에서 3분간 뚜껑을 닫고 삶아주세요.

3. 삶은 콩나물은 쟁반에 넓게 펴서 시원한 곳에서 식힙니다.

4. 콩나물에 양념을 넣고 조물조물 무쳐줍니다.

삶은 콩나물을 급하게 식힐 때는 냉장실에 잠깐 넣는 것도 좋은 방법입니다. 남은 콩나물을 보관할 때는 씻지 말고 검은 비닐에 넣어 냉장고에 보관하세요. 콩나물은 빛을 받으면 콩이 초록색으로 변합니다.

입맛 돋우는 밥상

얼큰한 국과 새콤한 해초 나물이 책임지는

별다른 이유 없이 입맛이 없을 때가 가끔 있는 거 같아요. 주부가 입맛이 없으면 요리하기 싫어지고 덩달아 밥상도 허술해집니다. 오늘은 잃어버린 입맛을 되찾아줄 요리들을 총집합해 봤습니다. 얼큰한 닭개장에 따뜻한 밥 말아서 한 숟가락 먹고 시원한 머위대나물과 톳나물로 얼얼한 입안을 달래주면 언제 입맛이 없었나 싶을 거예요.

18-Day.

Shopping Cart

얼큰 닭개장
- 닭 1/2마리(500g) ········· 2,950원
- 무 1/8토막(100g) ············ 125원
- 대파 1과 1/2대(100g) ······· 750원
- 삶은 고사리 1줌(100g) ··· 2,000원
- 숙주 2줌(100g) ·········· 1,000원
- 토란대 1줌(100g) ········ 2,500원
- 청양고추 2개(16g) ·········· 200원
- 홍고추 1/2개(5g) ············· 50원

참치 동그랑땡
- 참치캔 1개(210g) ········ 1,600원
- 두부 1/2모(130g) ··········· 750원
- 노란파프리카 1/6개(30g)
  ······························ 340원
- 부추 1/2줌(20g) ············ 150원
- 양파 1/4개(50g) ············ 125원
- 청양고추 2개(16g) ·········· 200원
- 달걀 2개 ···················· 400원

톳나물
- 톳 200g ················· 3,000원
- 조갯살 100g ············ 4,500원

머위대나물
- 머위대 1/3단(300g) ······ 3,000원

합계 : 23,640원

밥 말아 먹지 않고 못 배기는
얼큰 닭개장

소고기를 넣고 끓이면 육개장이 되고, 닭을 넣고 끓이면 닭개장이 됩니다. 양지머리를 푸짐하게 넣고 끓여도 맛있지만, 가격이 저렴하고 육질이 부드러운 닭을 넣고 끓여도 맛이나 영양 등 모든 면에서 부족함이 없습니다. 가족들 끼니 때문에 집을 오래 비우는 게 걱정이라면 큰 솥 가득 닭개장을 끓여 놓으세요. 홀가분한 마음으로 집을 나설 수 있습니다.

/ Recipes /

재료(4인분)

닭	1/2마리(500g)
대파	1과 1/2대(100g)
삶은 고사리	1줌(100g)
숙주	2줌(100g)
토란대	1줌(100g)
무	1/8토막(100g)
청양고추	2개(16g)
홍고추	1/2개(5g)
물	1.2L

양념

국간장	2와 1/2큰술
고춧가루	2큰술
다진 마늘	2큰술
고추기름	1/2큰술
참치액젓	1작은술
들기름	1/2작은술
소금	약간
후추	약간

1. 냄비에 닭과 물을 넣고 뚜껑을 닫고 중불에서 30분간 끓입니다. 국물 위로 뜬 기름은 모두 걷어냅니다.

2. 삶은 닭은 껍질을 벗기고 뼈를 바른 다음, 먹기 좋게 찢어주세요.

3. 고사리, 토란대, 대파, 숙주는 1~2분간 삶은 다음 물기를 꼭 짜서 먹기 좋은 크기로 자릅니다.

4. 닭고기, 대파, 고사리, 숙주, 토란대에 **양념**을 넣고 조물조물 무칩니다.

5. 무를 납작하게 썰어 닭육수를 조금 넣고 뚜껑을 덮은 상태에서 약불에서 3~5분간 끓입니다.

6. **5**에 **양념**에 무친 닭고기와 채소를 넣고 볶다가 닭육수를 넣고 한소끔 끓입니다. 고추를 어슷하게 썰어 넣고 한소끔 더 끓입니다.

1

2

3

4

5

6

기름기를 쪽 빼서 더 담백한
참치 동그랑땡

돼지고기 대신 집에 한두 개쯤 상비해 놓는 참치캔으로 동그랑땡을 만들어보세요. 참치캔의 기름을 쪽 빼고 만들면 담백한 밥반찬이 됩니다. 저는 함박스테이크처럼 크게 만들어 주거나, 한 번에 여러 개를 만들어 냉동실에 넣어두었다가 햄버거 만들 때 사용하기도 합니다.

/ Recipes /

재료(4인분)

참치캔	1개(210g)
노란파프리카	1/6개(30g)
부추	1/2줌(20g)
양파	1/4개(50g)
청양고추	2개(16g)
두부	1/2모(130g)
달걀	2개
밀가루	5큰술

양념

간장	2작은술
다진 마늘	1큰술
소금	약간
후추	약간

1. 참치는 체에 밭쳐 기름을 쭉 뺍니다.
   큰 볼에 기름 뺀 참치와 달걀 1개를 넣습니다.

2. 파프리카, 부추, 양파, 청양고추는 잘게 다지고, 두부는 물기를 꼭 짜서 **1**에 넣습니다.
   양념을 넣고 재료가 잘 섞이도록 치대줍니다.

3. 반죽을 동그랗게 빚은 다음 밀가루, 달걀물 순으로 옷을 입힙니다.

4. 프라이팬에 식용유를 두르고 동그랑땡을 2~3분간 앞뒤로 노릇하게 부쳐줍니다.

1

2

3

4

두부에 물기가 남아 있으면 동그랑땡의 식감은 부드럽지만 흐물흐물 탄력이 떨어집니다. 오늘처럼 적은 양을 요리할 때라면 모를까, 한 번에 많은 양의 동그랑땡을 만들거나 만두 속처럼 두부가 많이 들어가는 요리를 할 때는 두부 전문점에서 기계로 물기 짠 두부를 사는 것이 좋습니다.
동그랑땡 반죽이 질면 밀가루를 넣어 농도를 맞춥니다. 하지만 밀가루를 많이 넣을수록 동그랑땡이 딱딱해지고 맛이 떨어지니 적당량만 넣어주세요.

조갯살과 액젓으로 바다 향이 더 깊어진
톳나물

바다 향 가득한 톳을 새콤달콤한 초고추장 넣고 조물조물 무치면 톡톡 씹히는 식감이 좋습니다. 오늘 톳무침은 쫀득한 조갯살을 넣고 액젓으로 간을 해봤습니다. 바다에서 나는 재료들이 만나니 바다 향이 더 깊어지는 것 같습니다. 톳은 철분이 시금치보다 3배나 많아 빈혈을 예방하고, 섬유질이 풍부하고 칼로리가 낮아 다이어트에도 효과적인 식품입니다.

/ Recipes /

재료(4인분)

조갯살	100g
소금	약간
톳	200g

양념

고춧가루	1큰술
2배 식초	1큰술
참깨	2작은술
까나리액젓	2작은술
송송 썬 쪽파	1큰술
다진 마늘	1작은술
간장	2작은술

1. 조갯살은 끓는 물에 소금 약간을 넣고 30초~1분간 데친 다음, 체에 밭쳐 물기를 뺍니다.

2. 톳은 끓는 물에 소금을 약간 넣고 1~2분간 데치고 찬물에 헹굽니다. 데친 톳은 물기를 꼭 짜냅니다.

3. 볼에 **양념**을 분량대로 넣고 잘 섞어줍니다.

4. **3**에 톳과 조갯살을 넣고 무칩니다.

조갯살이나 톳은 오래 데치면 질겨지고 맛이 떨어집니다. 끓는 물에 넣은 톳이 갈색에서 초록색으로 변하면 바로 꺼내서 찬물로 헹굽니다. 톳은 초고추장에 무쳐 먹어도 맛있지만, 두부를 으깨 넣고 다진 마늘, 참기름, 소금으로 간하면 부드럽고 고소합니다.

국물을 자박하게 남겨 차갑게 먹는
머위대나물

머위는 쌉싸래한 맛과 독특한 향이 있는 나물입니다. 어린 머위잎은 살짝 데쳐 된장이나 고추장에 무쳐 먹거나, 날것으로 쌈을 싸먹기도 합니다. 한여름이 되면 억세진 잎 대신 머위대를 들깻가루를 넣고 볶아 먹습니다. 신기하게도 구수한 들깨 맛이 머위의 쌉싸래한 맛을 잡아줍니다. 국물을 자박자박하게 남긴 머위대나물은 냉장고에 넣어 차게 먹으면 더 맛있습니다.

/ Recipes /

재료(4인분)

머위대	1/3단(300g)
소금	1/3작은술
포도씨유	2작은술
다시마(5×5cm)	1장
물	200ml
들깻가루	2큰술
들기름	2작은술
다진 마늘	1작은술
참치액젓	1작은술

1. 끓는 물에 소금을 약간 넣고, 머위대를 중불에서 5분간 삶습니다.

2. 머위대가 굵으면 반으로 가르고, 5cm 길이로 잘라 껍질을 벗깁니다.

3. 냄비에 머위대, 소금, 포도씨유를 넣고 중불에서 5분간 볶다가 다시마 물(미지근한 물에 다시마를 넣고 30분간 우린 물)을 부어줍니다.

4. 머위대를 중불에서 5분간 더 끓인 다음, 손으로 눌러 익었는지 확인합니다. 들깻가루, 들기름, 다진 마늘, 참치액젓을 넣고 한소끔 끓여줍니다.

1

2

3

4

味순다 머위대는 너무 굵지도, 너무 가늘지도 않은 게 좋아요. 새끼손가락 굵기에 대가 곧게 뻗고, 길이가 50~60cm 되는 것이 가장 좋습니다.

머위대나물

뼈 튼튼 밥상

DHA와 칼슘 듬뿍

엄마라면 아이들 반찬이 가장 신경 쓰이기 마련입니다. 맛뿐만 아니라 영양까지 고려해야 하니 어른 반찬 만드는 것보다 두 배는 어렵습니다. 오늘은 성장기 아이에게 좋은 영양소가 가득한 요리들로 상을 차려봤어요. 튀긴 음식과 달달한 음식을 고루 배치했으니 편식하는 아이도 잘 먹을 거예요.

19 - Day

Shopping Cart

| 우거지 된장찌개 |

우거지 500g ········ 5,000원
양파 1/4개(50g) ········ 125원
대파 1/4대(20g) ········ 125원

| 삼치 카레 구이 |

삼치 350g ········ 6,000원
무 100g ········ 100원

| 시금치나물 |

시금치 4줌(200g) ········ 1,500원

| 뱅어포구이 |

뱅어포 80g ········ 6,000원

합계 : 18,850원

구수한 시골의 맛
우거지 된장찌개

친정어머니는 겨우내 김장하고 말린 무청에 굵은 멸치와 된장 듬뿍 넣고 우거지 된장찌개를 끓여주셨어요. 이젠 어머니가 돌아가시고 추억의 맛이 되어버렸습니다. 하지만 어머니가 해주시던 음식이 저에게로 그리고 제 아이들에게로 이어지는 것을 보면, 어머니가 형성해주신 입맛이 혈관을 따라 흐르는 것 아닌가 싶습니다.

/ Recipes /

재료(4인분)

물	900ml
다시마(5×5cm)	2장
국물용 멸치	10마리(10g)
우거지	500g
양파	1/4개(50g)
대파	1/4대(20g)
된장	3큰술
다진 마늘	1큰술
참치액젓	1큰술
들기름	1큰술

1. 냄비에 물, 다시마, 국물용 멸치를 넣고 뚜껑을 닫고 중불에서 5분간 끓입니다. 육수가 끓으면 다시마는 건져냅니다.

2. 삶은 우거지는 투명한 겉껍질을 벗기고 먹기 좋은 크기로 썹니다. 우거지의 겉껍질을 벗겨야 부드럽게 먹을 수 있습니다.

3. 우거지에 채 썬 양파, 된장, 다진 마늘, 참치액젓을 넣고 조물조물 무칩니다.

4. **1**의 멸치 다시마 육수에 양념에 버무린 우거지를 넣고 중불에서 5분간 끓이다가, 어슷하게 썬 대파를 넣고 한소끔 더 끓여줍니다.

1

2

3

4

味수다

집에서 우거지를 만들 때는 우거지용 무청을 삶아 껍질을 벗기고 찬물에 여러 번 헹궈 물기를 꼭 짭니다. 한 끼 먹을 분량씩 소분하여 냉동실에 넣어두면 바로 꺼내 요리할 수 있어요. 삶은 우거지를 샀을 때는 위생을 위해 한 번 더 삶아서 사용하세요.

우거지 된장찌개

DHA가 듬뿍 들어 있는
삼치 카레 구이

삼치는 살이 많고 다른 생선에 비해 비린내가 적어 조림도, 소금구이도 정말 맛있어요. 삼치에 강황가루를 입혀 구워 보세요. 카레의 주성분인 강황은 항암 효과와 더불어 노화, 치매 예방에 효과적이에요. 또한 삼치는 DHA라는 오메가 3 지방산이 100그램당 1,288밀리그램 수준으로 많이 들어 있어서 성장기 어린이의 두뇌 발달에 좋습니다.

/ Recipes /

재료(4인분)

삼치	350g
굵은 소금	1/2큰술
강황가루	1큰술
녹말가루	1큰술
포도씨유	1큰술
무	1토막(100g)

초절임 양념

올리고당	1과 1/2작은술
설탕	1작은술
레몬즙	1작은술
소금	1작은술
다진 마늘	약간
생강가루	약간

1. 깨끗이 씻은 삼치를 굵은 소금에 1시간 정도 절인 다음, 흐르는 물에 한 번 더 씻어주세요.

2. 강황가루와 녹말가루를 잘 섞어서 삼치에 묻혀주세요.
   비닐봉지에 강황가루와 삼치를 넣고 흔들면 좀 더 쉽게 강황가루를 묻힐 수 있습니다.

3. 프라이팬에 포도씨유를 두르고 삼치를 약불에서 5~7분간 구워주세요.
   생선 굽는 시간은 생선의 두께에 따라서 다를 수 있으니 준비한 생선에 맞춰 조절합니다.

4. 무를 채 썰어서 **초절임 양념**과 함께 버무린 다음 삼치구이와 함께 냅니다.

> 味수다 강황가루는 센불에 구우면 타니, 삼치도 은근한 불에서 구워주세요. 카레가루에는 간이 되어 있고 강황가루에는 간이 안 되어 있으니 이 점을 감안해서 소금 간을 조절해야 합니다. 저는 강황을 많이 먹으려고 생선에 소금 간을 따로 했습니다.

아이가 있다면 자주 먹어야 할
시금치나물

시금치는 채소 중에 비타민 A가 가장 많고 철분 또한 풍부해 성장기 어린이와 임산부에게 특히 좋은 채소입니다. 저는 아이들을 위해 일부러 시금치를 자주 무칩니다. 시금치에 짭조름하게 조린 유부를 함께 무치거나, 소고기를 넣어도 맛있습니다. 오늘은 기본 스타일로 시금치만 넣고 무쳐보겠습니다.

/ Recipes /

재료(4인분)

시금치	4줌(200g)
소금	약간

양념

간장	1작은술
깨소금	2작은술
참기름	1/2큰술
다진 마늘	1작은술
다진 대파	1큰술
참치액젓	1/2작은술
소금	약간

1. **양념**을 분량대로 섞어서 준비합니다.

2. 시금치는 깨끗이 씻은 다음 한 잎씩 떼어놓습니다.
   끓는 물에 소금을 약간 넣고 시금치를 뿌리부터 넣은 다음 1~2분간 데칩니다.

3. 데친 시금치는 찬물로 한 번 헹군 다음 물기를 꼭 짭니다.

4. 시금치에 양념을 넣고 조물조물 무쳐줍니다.

> 요즘에는 제철이라는 말이 무색하게 대다수 채소를 사시사철 맛볼 수 있습니다. 그럼에도 맛과 영양을 기준으로 한다면 엄연히 제철이 존재합니다. 시금치는 겨울이 제일 맛있습니다. 시금치가 추위를 견디려고 영양소를 꾹꾹 눌러 담고 있기 때문이지요. 겨울 시금치는 카로틴처럼 단맛을 내는 영양소의 함량이 유난히 높아, 단맛이 강합니다.

씹어 먹는 칼슘 덩어리
뱅어포구이

뱅어포를 달달한 고추장 양념 발라 촉촉하게 구워주면 맛있는 뱅어포구이가 완성됩니다. 뱅어포는 뼈째 먹는 실치를 발에 얇게 펼쳐 말린 음식입니다. 칼슘이 풍부해서 성장기 어린이에게 좋은 음식이지요. 뱅어포는 밑반찬으로 만들어도 좋고, 살짝 튀긴 다음 설탕을 솔솔 뿌려서 간식이나 남편 술안주로 내도 좋습니다.

/ Recipes /

재료(4인분)

뱅어포	80g
포도씨유	1큰술

양념장

고추장	4큰술
간장	1큰술
올리고당	4큰술
다진 마늘	1큰술
참기름	1큰술
참깨	1큰술
생강가루	약간

1. 뱅어포를 프라이팬에 살짝 구워서 비린내를 없애줍니다.

2. **양념**을 분량대로 섞어서 양념장을 만듭니다.

3. 살짝 구워낸 뱅어포에 양념을 앞뒤로 고르게 발라주세요.

4. 프라이팬에 포도씨유를 두르고 은근한 불로 뱅어포를 구워줍니다.

뱅어포는 쉽게 탈 수 있으니 약불에서 은근히 구워주세요. 뱅어포 한 장 한 장 양념을 바른 다음 여러 장을 겹쳐 잠시 내버려두면, 양념장이 골고루 스며듭니다.

땀 흘리지 않고 먹을 수 있는
시원한 한 끼

20-Day

이열치열이라는 말도 있지만 무더운 여름날 뜨겁고 매운 요리를 먹으면 어쩐지 더 덥게 느껴지는 거 같아요. 아삭아삭한 여름 채소와 싱싱한 해산물이 들어간 시원한 국물 요리로 더위를 이겨보세요.

Shopping Cart

| 맑은 전복 새우탕 |
- 새우 8마리(220g) ········· 9,000원
- 조개 200g ············· 2,000원
- 미더덕 50g ············ 1,000원
- 애호박 1/2개(120g) ········ 600원
- 감자 1개(200g) ·········· 1,000원
- 전복 2개(100g) ·········· 3,000원
- 대파 1/2대(80g) ·········· 250원
- 홍고추 1개(10g) ·········· 100원
- 청양고추 1개(8g) ········· 200원

| 무나물 |
- 무 2/5토막(300g) ········· 500원

| 아스파라거스 베이컨 말이 |
- 청피망 1/4개(50g) ········· 300원
- 노란파프리카 1/4개(50g) ······ 500원
- 아스파라거스 12개 ········ 3,500원
- 팽이버섯 1/2봉지(50g) ······· 200원
- 베이컨 12장 ············ 6,000원

| 미역 오이 초무침 |
- 미역 250g ············· 1,000원
- 오이 1/2개(100g) ········· 300원

합계 : 29,450원

국물이 끝내주는
맑은 전복 새우탕

기름진 음식을 많이 먹는 명절이나 제사 다음날이면 온 가족이 둘러앉아 맑은 전복 새우탕을 끓여 먹습니다. 해산물이 듬뿍 들어간 국물이 속을 개운하게 해주기 때문이지요. 기호에 따라 낙지나 주꾸미를 넣으셔도 좋습니다. 건더기를 다 건져 먹고 남은 국물에 칼국수를 끓여 드시거나, 밥을 넣고 미나리 송송 썰어 넣고 죽을 끓여 드셔도 좋습니다.

/ Recipes /

재료(4인분)

새우	8마리(220g)
미더덕	50g
조개	200g
전복	2개(100g)
애호박	1/2개(120g)
감자	1개(200g)
대파	1/2대(80g)
홍고추	1개(10g)
청양고추	1개(8g)
물	1.2L
까나리액젓	2큰술
참치액젓	1/2큰술

1. 새우, 전복, 미더덕, 조개를 깨끗이 씻습니다.

2. 애호박은 통으로 동그랗게 썰고, 감자는 0.5~0.7cm 두께로 납작하게 썰어주세요. 대파는 5cm 정도 길이로 자르고, 고추는 어슷하게 썹니다. 썰어 놓은 감자는 물에 담가 전분기를 뺍니다.

3. 냄비에 조개, 미더덕, 물을 넣고 중불에서 5분간 끓여주세요. 조개가 입을 벌리면 새우와 감자, 전복을 넣고 중불에서 5분간 끓여주세요. 중간 중간 뚜껑을 열고 거품을 걷어내 주세요.

4. **3**에 대파, 애호박, 고추, 까나리액젓, 참치액젓을 넣고 한소끔 끓여주세요.

1

2

3

4

감자를 그대로 넣으면 전분기로 국물이 탁해질 수 있으니 썬 다음 물에 살짝 담갔다가 요리하세요. 전복은 흐르는 물에 대고 살 가장자리와 껍데기를 솔로 문질러 깨끗하게 씻습니다. 싱싱한 전복일수록 살과 껍데기가 단단히 붙어 있습니다. 껍데기와 전복살 사이로 수저를 힘껏 밀어 넣어서 관자를 끊어내면 살과 껍데기를 쉽게 분리할 수 있습니다.

술안주로도 밥반찬으로도 좋은
아스파라거스 베이컨 말이

아이들 채소 먹이기 힘드시지요? 여러 가지 채소를 베이컨으로 예쁘게 돌돌 말아서 오븐, 또는 프라이팬에 구워주면 아이들도 맛있게 잘 먹어요. 저는 남편 술안주로 가끔 내놓기도 합니다. 짭조름한 베이컨과 아스파라거스가 은근히 잘 어울립니다.

/ Recipes /

재료(4인분)

청피망	1/4개(50g)
노란파프리카	1/4개(50g)
아스파라거스	12개
팽이버섯	1/2봉지(50g)
베이컨	12장

소스

머스터드소스	2큰술
레몬즙	2작은술
다진 마늘	2작은술
소금	약간

1. 청피망, 노란파프리카, 아스파라거스, 팽이버섯을 6cm 길이로 다듬습니다.

2. 베이컨에 채소를 골고루 올려서 돌돌 말아주세요.

3. 베이컨 말은 것을 오븐 팬에 나란히 올려 200도에서 15분 정도 구워주세요.

4. 베이컨이 구워지는 동안 소스 재료를 잘 섞어줍니다.

味수다 채소를 베이컨으로 돌돌 만 다음 이쑤시개로 고정하거나, 먼저 베이컨 끝 부분이 아래로 향하게 구운 다음 뒤집어야 모양이 예쁘게 유지됩니다. 베이컨 만 것을 오븐에 구울 때 껍질 벗긴 방울토마토를 함께 구워 곁들여도 잘 어울립니다.

아스파라거스 베이컨 말이

무 본연의 단맛을 제대로 살린
무나물

무는 참 쓰임새가 많은 재료예요. 파랗고 달달한 무의 윗부분은 무나물을 해먹고, 아랫부분은 국, 찌개로 끓여 먹어요. 무를 많이 먹으면 속병이 없어진다는 옛말이 있을 만큼 무에는 소화 효소가 풍부합니다. 평소에 소화가 잘 안 되는 분들은 반찬으로 무나물을 곁들여보세요.

/ Recipes /

재료(4인분)

무	2/5토막(300g)
다진 마늘	1큰술
소금	2/3작은술
포도씨유	1/2큰술
들기름	1작은술

1. 무 윗부분을 채 썰어서 준비합니다.

2. 채 썬 무에 다진 마늘, 소금을 넣고 조물조물 무친 다음, 양념이 잘 배도록 30분 정도 두세요.

3. 프라이팬에 포도씨유를 두르고 무나물을 얇게 펴준 다음 뚜껑을 덮은 채로 중불에서 3분간 익혀줍니다.

4. 김이 오르면 불을 끄고 무나물을 뒤집어서 다시 펴준 다음 한 김 식혀주세요. 마지막으로 들기름 1작은술을 넣고 버무려줍니다.

무나물은 너무 익히면 자칫 죽처럼 돼요. 아삭한 맛을 내려면 프라이팬에 무를 얇게 편 다음 뚜껑을 덮은 채로 한소끔 끓여준 다음 불을 끄고 무를 뒤집어서 남은 열로 익혀주세요. 이때 뚜껑을 연 상태로 익혀줘야 합니다.

무는 부위별로 맛이 조금씩 다릅니다. 잎이 달린 파란 부분은 부드럽고 물기를 많이 머금고 있으며 단맛이 나 생채로 먹기 좋습니다. 땅속에 가장 깊이 묻혔던 무의 끝 부분은 매운맛이 나 찌개나 국을 끓여 먹는 것이 좋습니다.

새콤달콤 상큼한
미역 오이 초무침

보들보들한 미역과 아삭아삭한 오이를 초고추장에 조물조물 무쳐 보았습니다. 식초의 새콤한 향이 코를 자극해 한입 먹기도 전에 입 안 가득 침이 고입니다. 무더운 날씨에는 식초로 새콤하게 맛을 낸 반찬을 한 가지씩 곁들여보세요. 식초는 입맛을 돋울 뿐만 아니라 피로 회복과 살균 작용이 탁월합니다.

/ Recipes /

재료(4인분)

불린 미역	250g
오이	1/2개(100g)
굵은 소금	1작은술

양념

고추장	2큰술
다진 마늘	1/2큰술
설탕	1작은술
2배 식초	2큰술
참깨	2작은술

1. 미역은 물에 10분간 불린 다음 먹기 좋은 크기로 잘라 끓는 물에 1~2분간 데칩니다.
   데친 미역은 찬물에 헹군 다음 물기를 뺍니다.

2. 오이는 굵은 소금으로 껍질을 문질러 씻은 다음 반을 갈라 반달모양으로 어슷하게 썹니다.
   썰어 놓은 오이는 굵은 소금 1/2작은술을 넣고 무친 후 30분 후 물기를 꼭 짭니다.

3. 분량대로 **양념**을 섞어줍니다.

4. 미역과 오이를 볼에 넣고 양념과 잘 버무려줍니다.

味수다 생미역은 양념에 그냥 무쳐도 되지만 비린 맛에 예민하신 분들은 살짝 데쳐서 요리하세요. 오이를 소금에 살짝 절였다가 무치면 물이 생기지 않습니다.

봉골레 파스타 정찬

이탈리아 레스토랑이 우리 집으로

21-Day

가끔은 집에서도 한식 대신 서양식으로 한 끼를 해결해 보는 건 어떨까요? 서양 음식은 느끼해서 싫다고 손사래 치는 어른들도 된장찌개와 김치찌개는 지겹다는 아이도 만족할만한 간단한 서양식 정찬입니다. 밖에서 사 먹는 파스타 한 그릇 값이면 4인 가족이 집에서 레스토랑 분위기를 한껏 낼 수 있습니다.

Shopping Cart

| 봉골레 파스타 |
바지락 1봉지(300g) ······ 3,000원
파스타면 100g ······ 1,000원

| 베이컨 오리엔탈 샐러드 |
쌈채소 120g ······ 1,200원
대추토마토 20개(180g)
······ 1,500원
베이컨 3~4장(100g) ······ 2,000원
잣 1큰술 ······ 1,000원

| 토마토 주스 |
토마토 2개(230g) ······ 500원

| 마늘빵 |
바게트 1개 ······ 3,000원

합계 : 13,200원

짭조름한 바다 내음이 느껴지는
봉골레 파스타

토마토 파스타보다 준비해야 할 재료가 많지 않아 요리 초보자도 쉽게 할 수 있는 파스타예요. 싱싱한 조개에 마늘을 썰어 넣으면 뚝딱 완성됩니다. '봉골레'(vongole)는 조개를 뜻하는 이탈리아어입니다. 바지락 대신 모시조개를 넣으면 더 고급스럽지만, 감칠맛은 바지락이 더 뛰어납니다. 바지락이 염분을 머금고 있어 소금 간은 많이 할 필요가 없습니다.

/ *Recipes* /

재료(1인분)

물	1.2L
파스타면	100g
편 마늘	50g
바지락	1봉지(300g)
포도씨유	2큰술
바질가루	1/2작은술
소금	1/3작은술

1. 냄비에 물 1.2L를 넣고 끓여주세요. 물이 끓으면 파스타면, 포도씨유 2방울을 넣고 중불에서 7~8분간 삶아주세요. 꼬들꼬들한 면이 좋으면 5~6분간 삶고, 부드러운 면이 좋으면 9~10분간 삶아주세요.

2. 면이 삶아지는 동안 프라이팬에 포도씨유 1큰술을 두르고 편 마늘을 약불에서 갈색이 되도록 2~3분간 볶아주세요.

3. **2**에 바지락을 넣고 뚜껑을 덮은 채로 바지락 입이 벌어질 때까지 중불에서 3~5분간 익혀 주세요.

4. 체에 밭쳐서 물기를 뺀 파스타면을 3에 넣어주세요. 포도씨유를 1큰술 넣고 중불에서 3분간 볶아준 후 물 100ml를 넣어주세요. 바질가루, 소금을 넣고 살짝 볶아주세요.

파스타면을 튀기면 색다른 별미가 됩니다.
① 파스타면을 반으로 잘라서 프라이팬에 기름을 넉넉하게 두르고 약불에서 1분간 굽듯이 튀겨줍니다.
② 튀긴 파스타면은 키친타월에 올려 기름을 뺍니다. ③ 비닐봉지에 튀긴 파스타면과 소금이나 파마산 치즈가루, 설탕과 계핏가루, 카레가루 등 원하는 조미료를 넣고 열심히 흔들면 완성입니다.

바삭바삭하고 향긋한 대한민국 넘버원 빵
마늘빵

한입 베어 물면 바삭하게 부서지는 담백한 마늘빵은 그냥 먹어도 맛있지만 식전 빵으로도 잘 어울립니다. 마늘의 알싸한 향이 식욕을 돋워주기 때문이지요. 특히나 마늘을 좋아하는 한국인은 쉽게 물리지 않는 빵입니다. 식당에서 눈치 보며 리필 요청할 필요 없이 빵집에서 바게트를 한 개 사면 온가족이 따끈따끈한 마늘빵을 푸짐하게 먹을 수 있습니다.

/ Recipes /

재료(4인분)

바게트 ··································· 1개

마늘 소스

버터 ··································· 3큰술
다진 마늘 ···························· 1작은술
설탕 ································· 1작은술
소금 ··································· 조금
파슬리가루 ···························· 조금

1. 바게트를 먹기 좋은 크기로 잘라줍니다.

2. 버터, 다진 마늘, 설탕, 소금, 파슬리가루를 내열 용기에 담아 전자레인지에 2분간 돌려 마늘 소스를 만듭니다.

3. 오븐 팬에 종이 포일을 깔고 잘라놓은 바게트를 겹치지 않게 놓은 다음 마늘 소스를 발라줍니다.

4. **3**을 180도로 예열한 오븐에서 5분간 굽고, 앞면이 노릇노릇하게 익으면 뒤집어서 2분 정도 더 구워줍니다.

저는 바삭한 느낌이 좋아 바게트로 만들었지만, 식빵을 이용하면 좀 더 부드러운 마늘빵을 드실 수 있습니다. 전자레인지는 빵을 딱딱하게 만들기 때문에 오븐이 없을 때는 프라이팬에 굽습니다.

담백하게 즐기는
베이컨 오리엔탈 샐러드

제품화된 샐러드 드레싱은 신선하지 않고 첨가물도 너무 많습니다. 그리고 하나를 사면 한동안 계속 같은 드레싱의 샐러드를 먹어야 해서 샐러드에 쉽게 질리게 되죠. 조금 번거롭더라도 그때그때 만들어 먹는 것이 가장 좋은 것 같습니다. 오늘은 집에 있는 재료로 간단한 드레싱을 만들어 보겠습니다. 간장을 베이스로 한 드레싱이라 한국인 입맛에 잘 맞고, 마요네즈가 들어간 드레싱보다는 칼로리도 낮습니다.

/ Recipes /

재료(4인분)

쌈채소	120g
대추토마토	20개(180g)
베이컨	3~4장(100g)

오리엔탈 드레싱

잣(또는 견과류)	1큰술
포도씨유	1큰술
식초	1큰술
꿀	1큰술
간장	1큰술
다진 마늘	1작은술
참깨	1작은술

1. 깨끗하게 씻은 쌈채소는 얼음물에 담갔다가 물기를 빼고 먹기 좋은 크기로 썰어놓습니다.
   대추토마토는 반으로 갈라줍니다.

2. **오리엔탈 드레싱** 재료를 잘 섞어줍니다. 잣이 없다면 슬라이스한 아몬드나 깨소금을 넣어도 좋습니다.

3. 베이컨을 중불에서 2~3분간 구워 기름을 빼준 다음 작게 썰어줍니다.

4. 쌈채소와 대추토마토, 베이컨을 접시에 담고 드레싱을 뿌립니다.

味수다 샐러드 채소로 겨자채를 넣으면 베이컨의 느끼한 맛을 덜어낼 수 있어 좋습니다. 드레싱 소스는 하루 전에 미리 준비해서 냉장고에 보관했다 꺼내 먹으면 더욱 맛있게 드실 수 있습니다. 베이컨 대신 닭가슴살이나 달걀을 넣어도 맛있습니다.

베이컨 오리엔탈 샐러드

속이 든든해지는
토마토 주스

시원한 여름 음료 토마토 주스. 여름에 아이들 학교 다녀왔을 때 재료를 준비해뒀다 금방 갈아주면 갈증도 가시고 좋아요. 토마토는 식이섬유가 풍부해서 한 잔만 마셔도 포만감이 듭니다. 그래서 다이어트하는 우리 큰아들에게 저녁 식사 전에 한 잔씩 먹이기도 합니다.

/ *Recipes* /

재료(1인분)

토마토	2개(230g)
얼음	6~8개
레몬즙	1큰술
꿀	1큰술
소금	약간

1. 토마토 윗면은 열십(十)자 모양으로 칼집을 내고, 꼭지는 땁니다.

2. 토마토를 끓는 물에 10~20초간 데친 다음, 껍질을 벗깁니다.

3. 껍질 벗긴 토마토는 얼음물에 넣어 차게 식힙니다.

4. 믹서기에 토마토와 얼음, 레몬즙, 꿀, 소금을 넣고 갈아줍니다.

요즘 마트에 가보면 다양한 품종의 토마토를 볼 수 있어요. '짭짤이 토마토' 또는 '대저토마토'라 불리는 토마토는 부산 대저 지역에서 재배됩니다. 바닷가와 인접한 대저 지역은 미네랄과 염분이 토양에 많이 함유되어 있는데, 이러한 환경이 토마토 맛을 변화시켰다고 합니다. 대저 토마토는 단맛이 강하고 짭짤한 감칠맛이 있어 생으로 먹기에 좋습니다.

속이 검은 흑토마토는 영국에서 건너온 품종으로 비타민, 베타카로틴, 리코펜 등의 영양성분을 일반 토마토보다 더 많이 함유하고 있다고 합니다.

일품요리 03

한입에 쏘옥
쌈밥

| 케일 쌈밥
| 명이 쌈밥
| 묵은지 쌈밥

케일 쌈밥

재료(1인분) 밥 2/3공기(150g), 케일 5~6장, 삼겹살 80g(1줄 정도)
양념 고추장 1작은술, 참기름 1작은술, 소금 2꼬집(기호에 따라 추가), 참깨 1작은술

1 케일을 끓는 물에 1~2분간 데쳐줍니다. 2 밥에 양념을 넣고 비벼줍니다. 3 프라이팬에 삼겹살을 노릇노릇 구운 다음, 작게 잘라줍니다. 4 삼겹살을 양념한 밥에 넣고 비빕니다. 5 물기를 꼭 짠 케일을 펼친 다음, 동그랗게 만든 밥을 올리고 잘 감싸줍니다.

명이 쌈밥

재료(1인분) 현미밥 2/3공기(150g), 참기름 1작은술, 참깨 1작은술, 단무지 1/2줄, 명이나물 장아찌 5~6장

1 현미밥에 참기름, 참깨를 넣고 비빕니다. 2 단무지를 잘게 다진 다음 밥과 함께 비빕니다. 3 명이나물 장아찌를 잘 펼친 다음, 동그랗게 만든 밥을 올리고 잘 감싸줍니다.

묵은지 쌈밥

재료(1인분) 잡곡밥 2/3공기(150g), 들기름 1작은술, 참깨 1작은술, 묵은지 작은 잎 3장

1 잡곡밥에 들기름, 참깨를 넣고 비벼줍니다. 2 묵은지는 고춧가루와 양념을 물에 씻어내고 물기를 꼭 짭니다. 3 묵은지 줄기 부분은 잘라내고, 잎을 펼친 다음 동그랗게 만든 밥을 올리고 잘 감싸줍니다.

스트레스 확 풀리는 화끈한 응원의 밥상

22 - Day

입이 얼얼할 정도의 매콤한 낙지볶음을 따뜻한 밥에 올리면 땀을 뻘뻘 흘리면서도 한 그릇 뚝딱 비우게 됩니다. 얼얼한 입안은 보드라운 달걀찜과 고소한 감자전으로 달래고, 얼음 동동 띄운 굴물회로 차갑게 식혀주면 일주일간 쌓인 스트레스가 확 풀립니다. 회사 일로 남편 어깨가 처져 있을 때 아내표 화끈한 응원의 밥상을 건네봅시다.

Shopping Cart

| 낙지볶음 |
낙지 3마리(450g) ········· 10,000원
양파 1/4개(50g) ············ 125원
당근 1/4개(50g) ············ 250원
쥬키니 호박 1/2개(100g)
·························· 450원
대파 1/2대(40g) ············ 250원
홍고추 1개(10g) ············ 100원
청양고추 1개(8g) ············ 100원

| 굴물회 |
굴 1/2봉지(200g) ········· 5,000원
다진 쪽파 2큰술 ············ 50원

| 새우 달걀찜 |
달걀 2개 ················· 400원
새송이버섯 2큰술 ············ 100원
깐새우 2큰술 ············· 500원

| 감자전 |
감자 2개(450g) ············ 2,000원
다진 양파 3큰술 ············ 100원
다진 청고추 1큰술 ············ 100원
다진 홍고추 1큰술 ············ 100원

 합계 : 19,625원

화끈하게 매운
낙지볶음

매콤한 게 당길 때 생각나는 낙지볶음이에요. 낙지볶음은 싱싱한 낙지와 고춧가루, 고추장의 맛이 중요해요. 낙지는 큰 것 보다 중간 크기가 연하고 맛있습니다. 낙지를 쪄낸 물과 채소 볶은 물을 양념에 넣고 잘 비빈 후에 프라이팬에서 졸여주세요. 그런 다음 채소와 낙지를 넣고 빠르게 볶아내면 맛있는 낙지볶음이 완성됩니다.

/ Recipes /

재료(4인분)

낙지	3마리(450g)
밀가루	3큰술
양파	1/4개(50g)
당근	1/4개(50g)
쥬키니 호박	1/2개(100g)
대파	1/2대(40g)
홍고추	1개(10g)
청양고추	1개(8g)
깨소금	1작은술
포도씨유	1큰술

양념

간장	1큰술
고추장	2큰술
고춧가루	2큰술
다진 마늘	1큰술
설탕	1큰술
생강가루	1/3작은술
참치액젓	1작은술
참기름	1/2큰술
소금	약간

1. 낙지 머리는 양말 뒤집듯이 뒤집어 내장을 떼어내고, 눈과 입도 자릅니다. 낙지에 밀가루를 조금 넣고 박박 문질러 흐르는 물에 깨끗이 씻어줍니다. 낙지가 뽀드득거릴 때까지 이 과정을 반복합니다.

2. 채소와 낙지는 5~6cm 크기로 자르고, 분량의 **양념**을 섞어 양념장을 만듭니다.

3. 물을 넣지 않은 냄비에 낙지를 넣고 중불에서 익히다가 김이 오르면 불을 끄고 낙지를 재빨리 뒤집어 남은 열로 익힙니다(국물이 많은 낙지볶음을 원하면 이 과정을 생략합니다). 낙지에서 나온 물은 양념장에 넣습니다.

4. 프라이팬에 포도씨유를 1큰술 두르고 채소를 중불에 1~2분간 빠르게 볶아 주세요. 채소 볶을 때 나온 국물도 따로 덜어내 양념장과 섞어줍니다.

5. 양념장을 프라이팬에 조리듯이 볶아 진하게 만든 다음, 찐 낙지와 볶은 채소를 넣고 중불에서 1~2분간 볶습니다.

6. 프라이팬의 불을 끄고 깨소금을 뿌립니다.

보들보들한 속살에 새우가 쏙쏙
새우 달걀찜

보들보들한 속살이 입안을 부드럽게 감싸주는 달걀찜이에요. 일식 달걀찜처럼 달걀물을 체에 거르지 않아도 달걀과 물 농도를 잘 맞추면 부드러운 달걀찜이 완성됩니다. 달걀찜에 핑크빛 깐새우를 넣으면 색깔이 예뻐서 식욕을 더욱 자극합니다.

/ Recipes /

재료(4인분)

다시마(5x5cm)	2장
물	200ml
달걀(중란)	2개
다진 새송이버섯	2큰술
깐새우	2큰술
참기름	1/2큰술
참깨	1큰술
소금	2/3작은술

1. 미지근한 물에 다시마를 넣고 30분 동안 우러나오게 둡니다.

2. 1에서 다시마는 건지고, 달걀 2개를 넣고 잘 저어줍니다.

3. 달걀물에 다진 새송이버섯, 깐새우, 참기름, 참깨, 소금을 넣고 잘 저어줍니다.

4. 냄비에 달걀찜을 담은 그릇을 넣고 그릇 바닥에서부터 1/3 지점까지 물을 넣습니다.
   냄비 뚜껑 덮고 중불에서 10분간 끓입니다.

味수다

달걀찜을 강한 불에 끓이면 수분이 증발해 거품이 생깁니다. 거품이 굳으면 달걀찜에 구멍이 생기고 식감도 거칠어집니다. 새우살 자체에 짭짤한 맛이 있으니 평소 달걀찜을 만들 때보다 약하게 간을 합니다.

요리 초보도 금방 만드는 전
감자전

감자를 강판에 쓱쓱 갈아 기름 두른 팬에 부치면 완성되는 감자전. 쫀득하면서도 담백한 맛이 일품이지요. 밀가루나 달걀물이 필요 없는 감자전은 요리법만큼이나 재료도 단출합니다. 노력 대비 만족도가 높고, 초보 요리사도 절대 실패하지 않는 요리입니다.

/ Recipes /

재료(4인분)

감자	2개(450g)
다진 양파	3큰술
다진 청고추	1큰술
다진 홍고추	1큰술
소금	약간
포도씨유	약간

1. 감자는 껍질을 벗긴 다음 강판에 갈아줍니다.

2. 간 감자를 손으로 눌러 물기를 살짝 짭니다. 감자물은 버리지 말고 그릇에 따로 담아 둡니다. 시간이 지나 감자물이 물과 녹말(물녹말)로 분리되면 물만 따라 버립니다.

3. 볼에 다진 양파와 물기 짠 감자, 물녹말, 소금을 넣고 섞어줍니다.

4. 프라이팬에 포도씨유를 두르고 반죽을 한 숟가락씩 떠 넣습니다. 윗면에 다진 고추를 고명으로 얹은 다음 뒤집어 노릇노릇하게 부쳐냅니다.

감자를 가는 과정이 번거로우면 곱게 채 썰어서 부쳐도 좋습니다. 갈아서 하는 감자전은 부드럽고 채 썰어 하는 감자전은 아작아작한 맛이 납니다. 물녹말을 만들기 번거로울 때는 간 감자에 녹말가루를 조금 넣어 반죽하세요. 그럼 적당한 점성이 생겨 전이 잘 부쳐집니다.

얼음 동동 띄워 후루룩
굴물회

당진 시댁에 가면 어머니께서 마늘 콩콩 다져 넣고 시원한 굴물회를 해주셨습니다. 굴물회라는 낯선 음식을 앞에 두고 서울토박이인 저는 잔뜩 경계했었는데, 지금은 그 맛에 반해 자주 해먹고 있습니다. 조그마한 생굴이 목구멍으로 후루룩 넘어가는 것도 재미있고, 얼음 동동 띄워 차게 먹으면 정신이 번쩍 들면서 도망간 입맛이 되돌아옵니다. 당진식 굴물회는 고추장을 넣은 빨간 물회가 아니고 시골간장으로 맛을 낸 개운한 물회입니다.

/ Recipes /

재료(4인분)

굴	1/2봉지(200g)
굵은 소금	1/2큰술
2배 식초	1/2큰술
국간장	1큰술
설탕	1/2작은술
소금	약간
다진 마늘	1큰술
까나리액젓	1작은술
물	200ml
다진 쪽파	2큰술
참깨	1작은술

1. 굴은 살에 껍질이 붙어 있을 수도 있으니, 손으로 만져 껍질과 불순물을 제거합니다. 굵은 소금을 녹인 물에 굴을 넣고 살살 흔들어 깨끗하게 씻은 다음, 채반에 건져 물기를 뺍니다.

2. 굴, 식초, 국간장, 설탕, 다진 마늘, 소금, 까나리액젓을 넣고 버무립니다.

3. **2**에 물 200ml를 넣습니다.

4. **3**에 다진 쪽파와 참깨를 넣습니다.

味수다 굴물회는 알이 큰 양식 굴보다는 알이 작은 자연산 굴로 만들어야 진한 맛을 느낄 수 있습니다. 시판 간장은 달짝지근한 맛이 있어 굴 맛을 제대로 살리지 못하니, 될 수 있으면 시골간장으로 만들어보세요. 굴물회에 배나 오이를 채 썰어 넣어도 좋습니다.

소박하지만 든든한 밥상

국민 반찬으로 차린

23-Day

누구나 좋아하는 '국민 반찬'으로 차린 소박하지만 든든하게 한 끼를 해결할 수 있는 밥상입니다. 조리 과정이 복잡하지 않고 만드는 데 시간도 많이 걸리지 않아서 요리 초보도 쉽게 따라 할 수 있습니다. 또 자주 해 먹는 요리들이라 한 번 배워두면 두고두고 활용할 수 있습니다.

Shopping Cart

| 돼지고기 고추장찌개 |

돼지고기 목살 200g ······ 2,600원
무 1/4토막(200g) ············ 300원
감자 2/3개(130g) ············ 340원
양파 2/3개(130g) ············ 340원
홍고추 1/2개(5g) ············· 50원
청양고추 2개(16g) ·········· 200원
대파 1/2대(40g) ············· 250원

| 봄동과 자색양파전 |

봄동 9~10장(80g) ········· 500원
자색양파 1/2개(100g) ····· 250원

| 묵말랭이볶음 |

묵말랭이 60g ············ 5,500원

| 지리멸치볶음 |

지리멸치 12큰술(60g) ··· 2,000원
견과류(헤이즐넛) 2큰술(30g)
······························· 1,000원

 합계 : 13,330원

갓 지은 밥에 쓱쓱 비벼 먹는
돼지고기 고추장찌개

돼지고기 목살과 무를 숭덩숭덩 썰어 고추장과 청양고추를 넣고 얼큰하게 끓이면, 매콤하고 맛난 돼지고기 고추장찌개가 완성됩니다. 감자와 함께 무를 넣으면 느끼한 맛도 덜하고 단맛이 느껴집니다. 여름철 입맛 없을 때 갓 지은 쌀밥에 고추장찌개를 넣고 슥슥 비벼 먹으면 밥 한 그릇은 뚝딱이지요. 기호에 따라 돼지고기 대신 참치를 넣고 끓여도 맛있습니다.

/ Recipes /

재료(4인분)

돼지고기 목살	200g
무	1/4토막(200g)
감자	2/3개(130g)
홍고추	1/2개(5g)
청양고추	2개(16g)
대파	1/2대(40g)
양파	2/3개(130g)
물	800ml
다진 마늘	1큰술
고추장	3큰술
참치액젓	1/2큰술
국간장	1과 1/2큰술
소금	1/2작은술

1. 돼지고기와 감자는 먹기 좋은 크기로 썰고 홍고추, 청양고추, 대파는 어슷하게, 양파는 채 썰어 준비합니다.
무는 0.5cm 두께로 나박썰기합니다.

2. 돼지고기를 볶다가 무를 넣고 무가 투명해질 때까지 약불에서 5분간 볶아주세요.

3. **2**에 물 600ml, 감자, 다진 마늘, 고추장을 넣고 중불에서 5분, 약불에서 10분간 끓여주세요.
찌개를 끓이는 중간 중간 떠오르는 기름은 계속 걷어냅니다.

4. **3**에 양파, 대파, 청양고추, 홍고추, 참치액젓, 국간장, 소금, 물 200ml를 넣고 뚜껑을 덮은 채 약불에서 10분간 끓여줍니다.

味순다 돼지고기 찌개를 끓일 때는 기름을 계속 걷어내야 느끼함과 고기 누린내를 잡을 수 있습니다.
돼지고기의 핏물은 누린내의 원인이니 흐르는 물에 헹궈서 빼주거나 키친타월로 닦아줍니다.

초 간단 에너지 충전 요리
봄동과 자색양파전

매서운 추위를 뚫고 나온 봄동은 유난히 달고 고소합니다. 잎들이 땅바닥을 향해 퍼져 있는 모양새가 특이합니다. 하지만 이 독특한 모양이 봄동의 생존 전략이라고 합니다. 잎을 최대한 땅 가까이 넓게 펼쳤기 때문에 추운 겨울에 땅의 열기를 빨아들이고 햇볕을 많이 받을 수 있었다고 합니다. 봄동은 비타민이 풍부해서 피로 회복에 아주 좋습니다. 보통 봄동으로 겉절이나 쌈을 많이 해먹지만, 오늘은 색다르게 전을 부쳐 보겠습니다.

/ Recipes /

재료(4인분)

자색양파	1/2개(100g)
굵은 소금	약간
봄동	9~10장(80g)
부침가루	3큰술
식용유	1큰술

반죽

부침가루	1큰술과 1/2큰술
물	150ml

1. 자색양파는 0.5cm 두께로 동그랗게 썰어 굵은 소금을 살짝 뿌려두고, 봄동은 한 장씩 떼어낸 다음 깨끗이 씻어 준비합니다. 봄동은 잎 사이에 흙이 많이 끼어 있으니 꼼꼼하게 씻어주세요.

2. 부침가루와 물을 섞어 **반죽**을 만듭니다.

3. 자색양파와 봄동에 물기 약간 있는 상태에서 마른 부침가루를 앞뒤로 묻힌 다음, 반죽 옷을 얇게 입혀줍니다.

4. 프라이팬에 식용유를 두르고 반죽을 입힌 봄동과 자색양파를 부쳐줍니다.

양파와 봄동에 반죽을 많이 입히면 전이 두꺼워져서 맛이 없습니다. 집에 양파나 마늘 장아찌가 있으면 간장을 덜어서 다진 청양고추를 추가하면 새콤하고 개운한 양념장이 됩니다. 자색양파는 쑥이나 쑥갓을 얹어서 부치면 모양도 예쁘고 향긋한 맛이 가미됩니다.

꼬들꼬들 쫀득쫀득
묵말랭이볶음

쫀득쫀득 식감이 재미있는 묵말랭이를 매번 마트에서 사서 해 먹으면 너무 비싸죠. 묵을 사다가 채 썰어 응달에 말리면 간단하게 묵말랭이를 만들 수 있습니다. 잠깐 시간이 비는 날에 묵을 10모 정도 사다가 직접 말려보세요. 마트에서 파는 것보다 훨씬 저렴하게 묵말랭이 요리를 해 먹을 수 있습니다.

/ *Recipes* /

재료(4인분)

묵말랭이	60g
물	600ml
다시마(5×5cm)	1장
설탕	1/2큰술
간장	1큰술
소금	1/2작은술
다진 마늘	1작은술
참깨	1작은술
참기름	2작은술

1. 냄비에 물 400ml와 묵말랭이를 넣고 뚜껑을 덮은 채 중불에서 10~15분 정도 삶아주세요.

2. 물이 다 줄어들고 묵이 말랑말랑해지면 물 200ml와 다시마를 넣고 약불에서 10분간 더 끓여주세요.

3. 물이 끓어오르면 다시마를 건져 내고 설탕, 간장, 소금을 넣고 약불에서 조려주세요.
   다진 마늘, 참깨, 참기름을 넣고 섞어준 후 불을 끄세요.

 1
 2
 3

味수다 묵을 말릴 때는 건조기나 채반을 이용해서 말려주세요. 햇볕에 말리면 묵이 갈라지니 꼭 응달에 말려야 합니다. 묵끼리 서로 붙지 않게 넓게 늘어 놓고, 건조된 묵은 냉동 보관합니다.

성장기 아이들의 필수 반찬
지리멸치볶음

지리멸치볶음은 칼슘이 듬뿍 들어 있어 아이들 밑반찬으로 그만입니다. 견과류나 크랜베리를 넣으면 멸치에 부족한 불포화지방과 비타민을 섭취할 수 있습니다. 지리멸치볶음에 밥, 장조림 국물, 참기름을 넣고 조물조물 뭉쳐서 주먹밥으로 만들면 바쁜 아침에 간단하게 한 끼를 해결할 수 있습니다.

/ Recipes /

재료(4인분)

지리멸치	12큰술(60g)
식용유	1작은술
편 마늘	2~3쪽(10g)
꿀	1큰술
소금	약간
견과류(헤이즐넛)	2큰술(30g)
참깨	1/2작은술
참기름	1/2작은술

1. 프라이팬에 기름을 두르지 않고 지리멸치를 약불에서 5분간 살짝 볶은 다음, 접시에 넓게 펴서 식혀줍니다.

2. 프라이팬에 식용유를 두르고 편 썬 마늘을 살짝 볶은 후 꿀, 소금을 넣고 끓입니다. 이때 볶아 놓은 멸치를 몇 개 집어먹어 봐서 짠맛이 많이 나면 소금은 생략합니다.

3. **2**에 지리멸치를 넣고 함께 볶아줍니다.

4. **3**에 견과류, 참깨, 참기름을 넣고 살짝 볶아줍니다.

味수다 지리멸치를 볶을 때 프라이팬에 한 번 살짝 볶아 수분을 빼주고, 볶은 멸치는 넓은 접시에 펴서 식혀줘야 바삭하게 먹을 수 있어요. 지리멸치는 수분을 금방 흡수하기 때문에 간장으로 간을 하면 짜집니다. 간은 소금으로 약간만 하는 게 적당합니다.

착한 밥상

맛, 영양, 가격을 모두 잡은

24-Day

요즘처럼 물가가 비쌀 때는 조금만 장을 봐도 몇 만 원이 훌쩍 넘죠. 저렴한 식재료를 사용해서 맛과 건강까지 잡은 알뜰 식단을 소개해 드릴게요. 만 원 중반대로 4인 가족의 세 가지 밑반찬과 국까지 해결하는 착한 상차림입니다.

Shopping Cart

| 돼지고기 두부찌개 |
돼지고기 앞다리살 300g ············ 4,500원
두부 1모(250g) ············ 750원
애호박 1/2개(100g) ············ 600원
양파 1/2개(70g) ············ 200원
홍고추 2개(20g) ············ 100원
대파 1/4대(20g) ············ 125원

| 게맛살 냉채 |
게맛살(크래미) 90g ············ 1,700원
곤약 1/2개(90g) ············ 300원
오이 1/2개(90g) ············ 600원
비트 약간(20g) ············ 200원

| 깻잎찜 |
깻잎 5묶음 ············ 2,000원
양파 1/4개(50g) ············ 125원
홍고추 1/2개(5g) ············ 50원

| 곤약 어묵 조림 |
곤약 1개(250g) ············ 900원
어묵 1봉지(240g) ············ 2,000원
대파 1/4대(20g) ············ 125원
양파 1/8개(20g) ············ 100원

합계 : 14,375원

새우젓이 들어가 담백한
돼지고기 두부찌개

두툼하게 썬 돼지고기와 큼직하게 썬 애호박과 손두부 넣고 뚝배기에 바글바글 끓이면 담백한 맛이 일품인 돼지고기 두부찌개가 완성됩니다. 돼지고기 양을 반으로 줄이고 각종 버섯을 넣으면 맛있는 버섯 찌개로 드실 수 있습니다.

/ *Recipes* /

재료(1인분)

돼지고기 앞다리살	300g
물	900ml
두부	1모(250g)
애호박	1/2개(100g)
양파	1/2개(70g)
홍고추	2개(20g)
대파	1/4대(20g)
다진 마늘	1과 1/2큰술
새우젓	1과 1/2큰술
생강가루	약간
고춧가루	1큰술

1. 냄비에 두툼하게 썬 돼지고기와 물을 넣고 중불에서 2~3분간 끓입니다. 이때 국물에 떠오르는 거품은 모두 걷어냅니다.

2. 홍고추와 대파는 어슷하게 썰고 두부, 애호박, 양파는 큼직하게 썰어 준비합니다.

3. **1**에 두부와 애호박을 넣고 중불에서 10분간 끓입니다.

4. **3**에 양파, 고추, 대파를 넣고 한소끔 끓인 다음, 다진 마늘, 새우젓, 생강가루, 고춧가루를 넣고 한 번 더 끓입니다.

1

2

3

4

돼지고기는 새우젓과 궁합이 잘 맞습니다. 자칫 느끼할 수 있는 돼지고기 찌개에 새우젓을 넣으면 소화도 잘되고 담백하게 드실 수 있습니다. 고춧가루는 기호에 따라 넣으셔도 되고 빼셔도 됩니다. 저는 고춧가루를 빼고 담백하게 즐기는 편입니다.

돼지고기 두부찌개

요리 초보도 쉽게 따라 할 수 있는
게맛살 냉채

아이들이 좋아하는 게맛살에 곤약과 채소를 넣어 새콤달콤한 냉채를 만들어보았습니다. 곤약은 칼로리가 없어 다이어트에 특히 좋은 식품입니다. 또 배속에 들어가면 수분을 흡수해 부풀어 올라 포만감을 줍니다. 게맛살 냉채는 만들었다가 차게 해서 드시고, 기호에 따라 양념에 겨자를 추가해 매콤하게 드셔도 좋습니다.

/ Recipes /

재료(1인분)

게맛살(크래미)	90g
오이	1/2개(90g)
비트	약간(20g)
곤약	1/2개(90g)

양념

물	2큰술
다진 마늘	1/2큰술
식초	1큰술
설탕	1큰술
소금	1/2작은술

1. 곤약은 채 썰어서 끓는 물에 살짝 데친 후 찬물에 헹굽니다.

2. 게맛살을 먹기 좋게 찢고, 오이와 비트는 얇게 채를 썹니다.

3. 채 썬 오이와 비트는 따로따로 얼음물에 10분간 담갔다가 체에 밭쳐 물기를 뺍니다.

4. 볼에 **양념**을 넣고 게맛살, 오이, 비트, 곤약을 넣고 버무립니다.

味수다 곤약은 살짝 데친 후 요리해야 특유의 냄새도 안 나고 부드럽게 드실 수 있습니다.
비트는 주변 채소를 금방 보라색으로 물들이니 따로 얼음물에 담갔다가 나중에 같이 버무려주세요.

게맛살 냉채

갓 지은 밥과 환상의 콤비
깻잎찜

따끈한 밥 한 숟가락 크게 뜨고 그 위에 짭조름하고 부드러운 깻잎찜 한 장 올려 입안에 넣으면 향긋한 깻잎 향과 고소한 들기름 향이 코끝을 간지럽힙니다. 입이 까끌까끌해서 밥에 물 말아 먹을 때 곁들여도 잘 어울리는 반찬입니다. 깻잎찜에 홍고추나 청양고추를 썰어 넣으면 매콤한 맛이 가미되어 더욱 맛있습니다.

/ Recipes /

재료(4인분)

깻잎	5묶음
들기름	1큰술
양파	1/4개(50g)
홍고추	1/2개(5g)

양념

국간장	4~5큰술
설탕	2큰술
참치액젓	1큰술
물	100ml

1. 깻잎을 흐르는 물에 깨끗이 씻은 다음 세워서 물기를 뺍니다.

2. 준비한 **양념**을 분량대로 섞어주세요.

3. 냄비에 깻잎을 3장씩 깔고 양념을 얹은 다음 약불에서 5~6분간 끓입니다.

4. **3**에 들기름과 채 썬 양파, 홍고추를 넣고 한소끔 끓입니다.

1

2

3

4

깻잎찜은 약간 짭조름하게 만들어서 냉장고에 두고 먹으면 좋습니다. 어린 깻잎순은 살짝 데친 다음 소금, 참기름, 다진 마늘을 넣고 조물조물 무쳐 드셔도 고소하고 맛있습니다.

꼬들꼬들 탱탱한
곤약 어묵 조림

곤약이 다이어트에 좋다지만 그냥 먹기에는 맛이 너무 심심합니다. 곤약을 간장에 짭조름하게 조리면 곤약 특유의 쫄깃쫄깃하고 탱탱한 식감이 잘 살아나 별미 반찬이 됩니다. 곤약은 수분이 90% 이상이고 영양성분은 거의 없습니다. 곤약에 어묵이나 메추리알을 넣어 조리면 단백질까지 보충할 수 있는 좋은 반찬이 됩니다.

/ Recipes /

재료(4인분)

곤약	1개(250g)
어묵	1봉지(240g)
포도씨유	1큰술
다진 마늘	1큰술
올리고당	1큰술
참깨	1/2큰술

조림장

다시마(5x5cm)	1장
간장	2큰술
물	4큰술
설탕	1큰술
대파	1/4대(20g)
양파	1/8개(20g)

1. 곤약은 넓고 길쭉하게 썰어 타래 모양('味수다' 참고)으로 만들고, 어묵은 곤약과 비슷한 크기로 썹니다.

2. 끓는 물에 곤약과 어묵을 넣고 살짝 데친 다음 물기를 뺍니다.

3. 냄비에 다시마, 간장, 물, 설탕, 대파, 양파를 넣고 약불에서 2~3분간 끓인 후, 건더기는 건져냅니다.

4. 냄비에 포도씨유와 다진 마늘을 넣고 볶다가 곤약, 어묵 순서로 넣고 볶은 다음, **3**의 **조림장**을 넣고 한 번 더 볶습니다.
곤약과 어묵이 잘 조려지면 마지막에 올리고당과 참깨를 넣고 한 번 더 볶아줍니다.

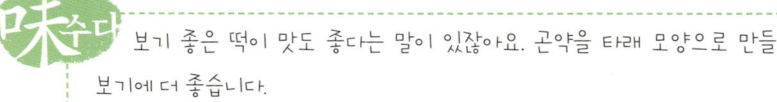

보기 좋은 떡이 맛도 좋다는 말이 있잖아요. 곤약을 타래 모양으로 만들면 보기에 더 좋습니다.
① 곤약을 넓고 길쭉하게 자른 다음, 그림처럼 세로 방향으로 칼집을 3개 넣는다.
② 곤약의 한끝을 잡고 가운데 칼집에 넣어 통과시킨다.

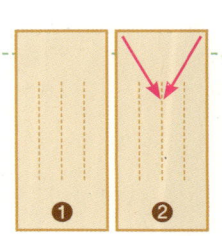

곤약 어묵 조림

천고마비의 계절에 맛보는
가을맞이 상차림

25 - Day

먹거리가 풍성한 가을이 되면 요리하는 즐거움이 커집니다. 오늘은 가을이 제철인 통통하고 고소한 갈치와 달큰한 무로 칼칼한 갈치조림을 만들어 보겠습니다. 갈치조림은 언제 먹어도 맛있지만, 특히 가을에는 모든 재료가 최상의 맛을 내기 때문에 가장 맛이 좋습니다. 갈치조림 양념이 강하니 곁들이는 국과 반찬은 담백하게 준비했습니다.

Shopping Cart

| 갈치조림 |
갈치 1마리(350g) ········ 10,000원
무 2/5토막(300g) ········ 500원
홍고추 2개(20g) ········ 200원
청양고추 2개(16g) ········ 200원
대파 2/3대(60g) ········ 350원

| 닭 미역국 |
닭 1/2마리(600g) ········ 3,200원
불린 미역 300g ········ 1,200원

| 고사리나물 |
고사리 1팩(250g) ········ 5,000원
다진 대파 2큰술 ········ 125원

| 꽈리고추 멸치 볶음 |
꽈리고추 15~20개(100g)
········ 1,300원
지리멸치 6큰술(30g) ········ 1,800원

합계 : 23,875원

칼칼하면서도 비린내가 나지 않는
갈치조림

냄비 바닥에 무를 깔고 큼직한 갈치를 얹어서 짭조름하게 조리면 완성되는 갈치조림입니다. 갈치조림 한 날은 아이들은 갈치살을, 남편과 저는 푹 익은 무를 골라 먹느라 정신이 없습니다. 갈치조림에 무를 숭덩숭덩 썰어 넣으면 국물이 칼칼하면서도 달큰해서 밥을 비벼 먹어도 맛있습니다.

/ Recipes /

재료(4인분)

갈치	1마리(350g)
무	2/5토막(300g)
물	300ml
다시마(5x5cm)	1장
대파	2/3대(60g)
홍고추	2개(20g)
청양고추	2개(16g)

양념

간장	3큰술
설탕	1/2큰술
매운 고춧가루	2큰술
고추장	1큰술
다진 마늘	1큰술
참치액젓	1/2큰술
소금	약간
생강가루	조금

1. 냄비에 물 300ml와 납작하게 썬 무, 다시마를 넣고 뚜껑을 덮은 채 중불에서 5분간 끓이다가 무가 투명해지면 다시마는 건져냅니다.

2. **1**의 냄비에서 국물을 몇 숟가락 떠 분량의 **양념** 재료와 섞어 양념장을 만듭니다.

3. 삶아놓은 무 위에 양념장을 반만 얹고 그 위에 갈치와 남은 양념장을 얹습니다.
   냄비 뚜껑을 덮은 채 중불에서 5분간 조립니다.

4. **3**에 어슷하게 썬 대파, 홍고추, 청양고추를 넣고 한소끔 끓입니다.
   뚜껑을 열고 갈치에 양념을 끼얹으며 약불에서 10분간 조립니다.

갈치는 은백색 껍질이 벗겨지지 않고 흠집이 없으며, 살을 눌러 봤을 때 탄력이 있고 비린내가 나지 않는 것이 좋습니다. 갈치는 95~105cm 정도 되는 너무 크지도 작지도 않은 사이즈가 가장 맛있습니다. 갈치는 9월에서 2월 말 사이가 제철이라 이때 잡은 고기는 살이 많이 올라 더욱 맛이 좋습니다.

닭육수가 진하게 우러난
닭 미역국

고기가 귀한 시절에는 닭 한 마리를 푹 고아서 그 국물로 칼국수도 해먹고 곰탕을 끓여 먹기도 했습니다. 중국 요리는 닭육수를 주로 사용합니다. 맛이 깊고 진하면서도 다른 고기육수보다 가벼워 다양한 요리와 잘 어울리기 때문입니다. 오늘은 닭으로 미역국을 끓여보겠습니다. 소고기 미역국과는 다른 깊이의 감칠맛이 느껴질 것입니다.

/ *Recipes* /

재료(4인분)

닭	1/2마리(600g)
물	1L
불린 미역	300g
국간장	2큰술
참치액젓	1작은술
소금	1/3작은술

1. 냄비에 껍질 벗긴 닭과 물을 넣고 뚜껑을 덮은 채로 20분간 끓여주세요. 국물에 뜨는 기름은 중간중간 걷어주세요.

2. 삶은 닭을 꺼내서 뼈와 살코기를 분리하고 먹기 좋게 다듬습니다.

3. 냄비에 미역과 닭 삶은 물을 조금 넣고 달달 볶아줍니다. 물을 조금만 넣고 볶아야 미역이 빨리 부드러워집니다.

4. 손질해놓은 닭고기를 넣고 중불에서 5분간 끓입니다. 닭육수를 더 붓고 국간장, 참치액젓, 소금을 넣고 뚜껑을 덮은 채 중불에서 3~5분간 끓여줍니다.

1

2

3

4

닭 껍질은 콜레스테롤을 많이 함유하고 있어서 될 수 있으면 적게 먹는 것이 좋습니다. 육수를 낼 때 닭 껍질을 제거하면 맛이 훨씬 담백해집니다. 닭육수가 부족하면 물을 더 넣고 부족한 간은 소금으로 합니다.

고소한 들기름 향이 솔솔
고사리나물

고사리를 간장에 조물조물 무쳐 볶아내면 고기반찬이 부럽지 않습니다. 예로부터 우리 조상들은 늦가을이 되면 고사리와 도라지 등 9가지 나물을 꼭 챙겨 먹었다고 합니다. 겨울에 부족하기 쉬운 비타민을 미리 보충하려고 했던 것이지요. 고사리는 잎이 완전히 피기 전에 채취한 것이 연하고 맛있습니다.

/ Recipes /

재료(4인분)
삶은 고사리	1팩(250g)
들기름	1/2큰술
참깨	1작은술
다진 대파	2큰술

양념
다진 마늘	1큰술
국간장	1큰술
포도씨유	1/2큰술
참치액젓	1/2큰술

녹말물
녹말가루	1작은술
물	3큰술

1. 끓는 물에 고사리를 넣고 살짝 데칩니다.

2. 고사리에 **양념**을 넣고 양념이 잘 배도록 조물조물 무쳐줍니다.

3. 프라이팬에 고사리 무친 것을 넣고 약불에서 3~5분간 볶다가 들기름과 참깨, 다진 대파 2큰술을 넣고 살짝 더 볶아줍니다.

4. 물 3큰술에 녹말가루 1작은술을 넣고 녹말물을 만든 다음, **3**에 넣고 볶아줍니다.

 1
 2
 3
 4

味수다
건고사리는 보드라운 상태가 될 때까지 삶아준 다음, 찬물에 담가 쓴맛을 제거해야 맛있게 먹을 수 있습니다. 소량만 필요하다면 마트에서 파는 삶은 고사리를 이용하는 것도 좋습니다. 삶은 고사리는 끓는 물에 데쳐 사용하세요. 삶은 나물은 하나로마트가 저렴하고 신선한 편입니다. 저는 건고사리를 한 번에 많이 삶아서 냉동실에 한 끼 분량씩 보관해뒀다 먹습니다.

고사리나물

알싸한 향이 입맛을 당기는
꽈리고추 멸치 볶음

꽈리고추를 간장에 짭조름하게 졸여 멸치와 함께 볶아주면 아이들도 잘 먹는 맛있는 밑반찬이 완성됩니다. 아이들과 함께 먹으려면 맵지 않은 꽈리고추를 넣어야 합니다. 고추를 살 때 냄새를 맡아봐서 매운 향이 강하게 나는 것은 피합니다.

/ *Recipes* /

재료(4인분)

지리멸치 ················· 6큰술
꽈리고추 ········ 15~20개(100g)
편 마늘 ················ 3쪽(20g)
참깨 ···················· 1작은술

조림장

간장 ······················· 2큰술
설탕 ······················ 1/2큰술
올리고당 ··················· 1큰술
참기름 ···················· 1/2큰술

1. 기름을 두르지 않은 프라이팬에 지리멸치를 살짝 볶아 비린 맛을 없앱니다.

2. 분량대로 재료를 섞어 **조림장**을 만든 다음, 프라이팬에 살짝 끓여줍니다.

3. 꽈리고추는 꼭지를 딴 후 3의 조림장에 넣고 조리듯이 볶다가, 편 마늘을 넣고 2~3분간 더 볶아줍니다.

4. 프라이팬의 불을 끄고 3에 지리멸치와 참깨를 넣고 잘 섞어줍니다.

味수다

멸치가 꽈리고추보다 양념이 잘 배기 때문에 멸치는 꽈리고추를 충분히 볶아준 다음에 넣어야 짜지 않고 맛있게 먹을 수 있습니다.

꽈리고추는 과육이 연해서 냉장고에 보관해도 씨가 금방 검게 변합니다. 될 수 있는 대로 구입한 후 바로 요리해 드세요. 꽈리고추가 너무 크면 간장이 잘 배어들지 않으니, 반으로 자르거나 포크로 꽈리고추를 찔러 구멍을 낸 다음 간장에 조립니다.

영양 빈틈없는
산과 들, 바다를 품은 밥상

따뜻하게 먹으면 속이 확 풀리는 얼큰한 오징어 뭇국과 한국인이라면 누구나 좋아하는 LA갈비로 식구들의 입맛을 사로잡아 보세요. 오징어 뭇국과 LA갈비에 부족한 식이섬유와 비타민은 미역 줄기 볶음과 마 유자 샐러드가 책임집니다.

26 - Day

Shopping Cart

| LA갈비 |
LA갈비 1kg ········· 33,000원
배 1/2개(180g) ········· 1,950원
양파 2/3개(130g) ········· 340원
마늘 7쪽(35g) ········· 400원

| 오징어 뭇국 |
무 300g ········· 500원
오징어 1마리(300g) ········· 2,000원
팽이버섯 1/2봉지(50g) ········· 200원
양파 1/4개(60g) ········· 125원
대파 1/2대(40g) ········· 250원
청고추 1개(10g) ········· 100원
홍고추 1개(10g) ········· 100원

| 미역줄기볶음 |
미역줄기 300g ········· 3,000원
쪽파 1큰술 ········· 50원

| 마 유자 샐러드 |
오렌지 1/2개(50g) ········· 500원
마 1/4개(50g) ········· 500원
래디시 1개(20g) ········· 500원
비타민 2장(70g) ········· 1,000원
프리세 또는 치커리 약간(30g)
········· 600원

 합계 : 45,115 원

갈비 뜯는 맛이 제대로 나는
LA갈비

명절에 가족이 모이면 LA갈비를 자주 해먹습니다. 갈비찜보다는 손이 덜 가고 양념만 넉넉히 준비해두면 인원 수에 맞춰 구워 먹을 수 있어서 좋습니다. LA갈비는 미국 로스앤젤레스에 모여 살던 한국 교민들이 즐기던 음식이 국내로 역수입되면서 붙여진 이름이라고 합니다.

/ Recipes /

재료(4인분)

LA갈비	1kg
배	1/2개(180g)
양파	2/3개(130g)
마늘	7쪽(35g)
미림	2큰술

양념

간장	4큰술
설탕	2와 1/2큰술
참기름	2큰술
깨소금	1큰술
다진 대파	3큰술
바베큐 소스	3큰술
후추	약간
올리고당	2큰술

1. LA갈비를 실온에서 해동한 다음, 물에 30분 정도 담가서 핏물을 뺍니다.

2. 믹서기에 배, 양파, 마늘, 미림을 넣고 갈아준 다음 체에 밭쳐 국물만 걸러냅니다. 이 국물과 **양념** 재료를 섞어 양념장을 만듭니다.

3. 넓은 그릇에 핏물을 제거한 LA갈비를 한 줄 깔고 그 위에 양념을 바릅니다. 이 과정을 반복해서 LA갈비에 양념을 모두 바른 후, 남은 양념장은 고기 위에 붓습니다.
양념한 갈비는 냉장고에서 하루 동안 숙성합니다.

4. LA갈비를 프라이팬에서 먹기 좋게 굽습니다.

味주다 고기는 핏물이 있으면 누린내가 납니다. 하지만 고기를 물에 너무 오랫동안 담가두면 육즙까지 모두 빠져나갑니다. LA갈비는 고기가 두껍지 않으니 실온에서 해동한 다음 물에 30분만 담가도 핏물을 충분히 뺄 수 있습니다.

숙취로 머리 아플 때
오징어 뭇국

쌀쌀한 날씨에 제격인 오징어 뭇국입니다. 감기 기운 있을 때 매콤하게 끓여먹으면 땀이 나고 몸도 개운해집니다. 오징어에는 타우린 성분이 많이 들어 있어서 심장병, 고혈압, 당뇨병, 동맥 경화를 예방하고 간장 해독 및 시력 회복, 신경 정신 활동을 강화시킨다고 합니다. 북엇국과 함께 남편 해장국으로 자주 끓여주는 국입니다.

/ Recipes /

재료(4인분)

오징어	1마리(300g)
다시마(5x5cm)	1장
국물용 멸치	10마리(10g)
무	2/3토막(300g)
국간장	1과 1/2큰술
고춧가루	1큰술
다진 마늘	1큰술
참치액젓	1/2큰술
까나리액젓	1큰술
청고추	1개(10g)
홍고추	1개(10g)
대파	1/2대(40g)
팽이버섯	1/2봉지(50g)
양파	1/4개(60g)

1. 오징어는 내장과 눈, 입을 제거한 다음 껍질을 벗깁니다.
   오징어 몸통은 X자로 칼집을 내고 1.5cm 길이로 썰고, 오징어 다리는 먹기 좋은 크기로 썰어줍니다.

2. 물에 다시마와 국물용 멸치를 넣고 중불에서 5분간 끓인 다음, 다시마와 멸치는 건져냅니다.

3. **2**의 육수에 무를 넣고 냄비 뚜껑을 덮은 채로 중불에서 푹 끓입니다.

4. **3**에 오징어, 간장, 고춧가루, 다진 마늘, 참치액젓, 까나리액젓을 넣고 한소끔 끓입니다.
   어슷하게 썬 고추와 대파, 팽이버섯, 양파를 넣고 한소끔 더 끓여줍니다.

味수다 오징어는 껍질을 깨끗이 벗겨줘야 잡냄새가 나지 않습니다. 활오징어는 그대로 찜통에 쪄서 내장까지 다 먹어도 맛있습니다. 오징어 살은 데쳐 먹고, 내장은 라면에 넣어 오징어 먹물 라면을 끓여 먹어도 별미입니다.

오징어 뭇국

보들보들 짭쪼름한 맛에 금세 한 접시 비우는
미역줄기볶음

염장한 미역줄기를 물에 불려 짠맛을 빼고 보들보들 볶아주면 맛있는 밑반찬이 완성됩니다. 친정어머니께서 도시락 반찬으로 종종 싸주시던 반찬입니다. 미역줄기는 칼슘과 미네랄이 풍부해 성장기 아이들에게 좋은 식재료입니다. 한창 클 시기인 우리 두 아들을 위해 저희 집 밥상에도 자주 올리는 반찬입니다.

/ *Recipes* /

재료(4인분)

미역줄기	300g
물	100ml
다진 쪽파	1큰술
참깨	2작은술

양념

다진 마늘	1큰술
참치액젓	1/2큰술
들기름	1큰술
소금	약간

1. 미역줄기는 물에 헹궈 소금을 완전히 제거하고, 찬물에 30분간 담가 짠맛을 뺍니다.

2. 분량의 **양념** 재료를 준비합니다.

3. 물기를 뺀 미역줄기에 양념을 넣고 조물조물 무쳐줍니다.

4. 냄비에 양념한 미역줄기를 넣고 볶다가 물을 넣고 뚜껑을 덮은 채로 약불에서 5분 동안 익혀줍니다. 참깨, 다진 쪽파를 넣고 약불에서 2~3분 정도 물이 없어질 때까지 볶아줍니다.

味수다 염장 미역줄기는 소금기를 잘 빼줘야 합니다. 염장 미역마다 짠맛의 정도가 다르니, 미역을 30분간 불린 다음 맛을 본 후 짠맛이 여전히 강하면 불리는 시간을 늘려주세요. 미역줄기를 볶을 때 물을 약간 넣으면 미역줄기가 훨씬 부드러워집니다.

새콤달콤 아삭아삭
마 유자 샐러드

아삭아삭한 마를 숭덩숭덩 썰어 좋아하는 과일, 채소를 곁들여 샐러드를 만들어보세요. 유자청으로 드레싱을 만들어 뿌려주면 새콤달콤한 맛이 싱그럽기까지 합니다. 마 유자 샐러드는 애피타이저로 손님상에 내어도 인기 만점입니다.

/ Recipes /

재료(4인분)

오렌지	1/2개(50g)
마	1/4개(50g)
래디시	1개(20g)
비타민	2장(70g)
프리세(또는 치커리)	약간(30g)

드레싱 소스

꿀	1큰술
유자차	2큰술
레몬즙	3큰술
씨겨자	1큰술
소금	조금

1. 마는 흙을 깨끗이 씻은 다음 필러로 껍질을 벗깁니다. 껍질 벗긴 마는 동그랗게 썰어줍니다.

2. 오렌지는 껍질을 벗긴 다음 동그랗게 썰어서 반을 자릅니다. 래디시는 동그랗고 얇게 썰고, 비타민과 프리세는 먹기 좋은 크기로 뜯어 놓습니다.

3. 분량의 드레싱 소스 재료를 잘 섞어줍니다.

4. 마, 래디시, 비타민, 프리세를 얼음물에 담갔다가 건져서 물기를 빼고, 드레싱 소스를 뿌립니다.

1

2

3

4

'산에서 나는 장어'라 불리는 마는 소화를 돕고 원기 회복에 탁월한 효능이 있습니다. 국내산 마는 속살이 뽀얗고 중국산 마는 어두운 편입니다. 피부가 예민한 분은 마 껍질을 벗길 때 고무장갑을 끼세요. 마의 끈적끈적한 성분인 '뮤신'은 소화 기관에 윤활유 역할을 하지만 피부에 닿으면 가려움증을 유발하기도 합니다.

밑반찬 만드는 날

한 시간 투자로 일주일이 든든한

27-Day

매일매일 식구들 식사 메뉴 때문에 골치 아플 땐, 실속 만점 밑반찬을 만들어보세요. 냉장고에 넣어두고 끼니마다 챙겨먹을 수 있는 밑반찬부터, 고기를 곁들인 이색 겉절이까지 메뉴 고민 해결해줄 고마운 반찬들입니다.

Shopping Cart

| 차돌박이와 콩나물 겉절이 |

차돌박이 300g	12,000원
콩나물 3줌(150g)	750원
상추 7~8장(20g)	60원
부추 1/2줌(20g)	150원
양파 1/4개(50g)	125원

| 깻잎김치 |

깻잎 5묶음(75g)	2,000원
양파 1/4개(50g)	125원
고구마 1/5개(30g)	100원

| 오징어 장조림 |

오징어 1마리(170g)	1,000원
양파 1/4개(50g)	125원
마늘종 2줄기(30g)	180원
당근 1/4개(50g)	250원

| 매콤 콩나물찜 |

콩나물 8줌(400g)	2,000원
북어포 1줌(30g)	2,400원
쪽파 3줄기(30g)	100원
청양고추 2개(16g)	200원
홍고추 1/2개(5g)	50원
쑥갓 약간	100원

합계 : 21,715원

한국식 고기 샐러드
차돌박이와 콩나물 겉절이

기름을 쏙 뺀 고소한 차돌박이에 아삭한 콩나물과 여러 가지 채소를 넣고 한국식 양념장에 쓱쓱 버무려 색다른 겉절이를 만들었습니다. 고기가 먹고 싶긴 한데 불판 갖춰놓고 구워먹기에는 귀찮고, 양념이 깊게 밴 볶음 요리도 부담스러울 때 해먹기 좋은 초 간단 요리입니다.

/ Recipes /

재료(4인분)

차돌박이	300g
콩나물	3줌(150g)
물	200ml
부추	1/2줌(20g)
양파	1/4개(50g)
상추	7~10장(20g)

양념

소금	1/3작은술
2배 식초	2큰술
고춧가루	1큰술
설탕	1/2큰술
까나리액젓	1/2큰술
깨소금	1작은술
참기름	약간

1. 차돌박이는 약불에서 2~3분간 구운 다음, 키친타월에 올려 기름을 뺍니다.

2. 콩나물은 머리와 꼬리를 떼고 다듬습니다.
   냄비에 물 200ml와 손질한 콩나물을 넣고 뚜껑을 덮은 채로 중불에서 2~3분간 찝니다.
   쪄진 콩나물은 쟁반에 펼쳐서 식혀줍니다.

3. 구운 차돌박이, 찐 콩나물을 담고, 손질한 채소를 넣습니다. 부추와 양파는 먹기 좋은 크기로 썰고, 상추는 손으로 뚝뚝 잘라 넣습니다.

4. 준비한 **양념**을 섞어 양념장을 만든 다음 **3**과 잘 섞어줍니다.

1

2

3

4

겉절이에 참기름을 넣으면 채소의 숨이 금방 죽어 버립니다. 바로 먹을 게 아니라면 참기름을 빼고 양념한 다음, 먹기 직전에 참기름을 넣고 한 번 더 섞어 줍니다. 일반 식초는 아무리 많이 넣어도 톡 쏘는 진한 맛을 내기 어렵습니다. 2배 식초나 레몬즙을 넣으면 상큼한 맛이 한결 강해집니다.

고기 장조림이 지겨울 땐
오징어 장조림

고기나 달걀 장조림이 지겨울 때 오징어 장조림은 어떨까요? 오징어 장조림은 쫄깃쫄깃 탱탱한 식감이 재미있고, 고기 장조림보다 맛이 깔끔합니다. 오징어 장조림 국물은 개운하고 감칠맛이 나서 밥을 비벼 먹거나 어묵 조림을 할 때 간장 대신 넣으면 맛있습니다. 홍합살을 넣으면 장조림 맛이 더 깊어집니다.

/ *Recipes* /

재료(4인분)

오징어	1마리(170g)
당근	1/4개(50g)
마늘종	2줄기(30g)
양파	1/4개(50g)
마늘	3쪽(10g)

조림 간장

다시마(5×5cm)	1장
대파	1대
설탕	1큰술
간장	100ml
물	200ml
올리고당	2큰술
생강가루	1/2작은술

1. 오징어는 껍질을 벗긴 다음 1cm 두께로 썰고, 당근, 마늘종, 양파는 한입 크기로 썹니다.

2. 냄비에 **조림 간장** 재료를 넣고 중불에서 3분, 약불에서 2분간 조린 다음 대파와 다시마는 건져냅니다.

3. **2**에 잘라놓은 오징어를 넣고 한소끔 끓입니다.

4. 손질한 당근, 마늘종, 양파와 통마늘을 넣고 중불에서 뚜껑을 덮은 채 3분간 끓여줍니다.

오징어는 수돗물을 약하게 틀어놓고 그 아래에서 왼손으로 오징어를 잡고 오른손으로 껍질을 잡아당기면, 덜 미끄러워서 좀 더 쉽게 껍질을 벗길 수 있습니다. 아니면 오징어를 바닥에 펼쳐 놓고 키친타월로 문지르면 껍질이 쉽게 벗겨집니다. 오늘은 오징어를 통으로 쓸 거라 수돗물을 틀어놓고 껍질을 벗겼습니다.

바로 먹어도 익혀 먹어도 맛있는
깻잎김치

친정어머니께서 자주 해주시던 여름 반찬입니다. 갓 지은 하얀 밥 위에 짭조름한 깻잎김치 한 장 얹어 먹으면 밥 한 그릇을 금세 뚝딱 비웁니다. 조리거나 찔 필요 없어 만들기도 쉽고, 오래 두고 먹을 수 있는 반찬이라 넉넉히 만들어 두면 반찬 없을 때나 고기 구워 먹을 때 유용합니다.

재료(4인분)

깻잎	5묶음(75g)
마늘	5쪽(20g)
양파	1/4개(50g)
고구마(또는 밤)	1/5개(30g)

양념

간장	2큰술
까나리액젓	1큰술
참치액젓	1/2큰술
설탕	1큰술
고춧가루	1큰술
참깨	1큰술
물	4큰술

/ Recipes /

1. 깻잎은 한 장씩 깨끗이 씻은 다음 채반에 가지런히 세워 물기를 뺍니다.

2. 마늘과 양파, 고구마는 얇게 채 썹니다.

3. 분량의 **양념**을 섞어 양념장을 만듭니다.

4. 깻잎 2장에 양념 한 숟가락을 얹고 마늘, 양파, 고구마를 조끔씩 얹습니다. 이 과정을 반복해서 깻잎을 차곡차곡 쌓아 올립니다. 1시간 뒤 양념장이 잘 스며들게 깻잎김치 절반을 나눠서 위아래 위치를 바꿉니다.

1

2

3

4

> 깻잎을 양념에 절일 때 깻잎을 켜켜이 쌓은 다음 깻잎 사이사이에 숟가락으로 양념을 넣는 방법도 있고, 깻잎을 2장씩 잡고 앞뒤로 양념을 묻혀 쌓는 방법도 있습니다. 시간이 지나면 양념이 위에서 아래로 흘러내리기 때문에 아래 깔리는 깻잎은 양념을 조금만 묻힙니다. 간장과 액젓만으로 양념을 만들면 너무 짜질 수 있으니 꼭 물을 섞어 주세요.

팔방미인 콩나물의 색다른 변신
매콤 콩나물찜

임신 중에 감기가 심하게 걸려서 약도 먹지 못하고 고생할 때가 있었어요. 친정어머니가 밥솥에 콩나물과 꿀, 도라지, 배를 넣고 푹 고아주셨는데, 그걸 먹고 감기가 뚝 떨어졌습니다. 어머니가 콩나물이 염증을 억제하고 면역력을 높이는 성분이 풍부하다는 사실을 아셨을 리 없는데도, 증세에 꼭 맞는 음식 처방을 해주셨던 것을 보면 경험의 힘은 대단한 것 같습니다. 다양한 요리법을 익혀 콩나물 반찬을 자주 밥상에 올리면 좋겠습니다.

/ Recipes /

재료(4인분)

콩나물	8줌(400g)
북어포	1줌(30g)
쪽파	3줄기(30g)
청양고추	2개(16g)
홍고추	1/2개(5g)
쑥갓	약간
물	100ml
참깨	1큰술

양념

고춧가루	2큰술
다진 마늘	3큰술
간장	2큰술
소금	1작은술
포도씨유	1/2큰술
설탕	1작은술
참치액젓	1작은술

녹말물

녹말	1/2큰술
물	8큰술

1. 냄비에 콩나물과 물을 약간 넣고 뚜껑을 닫은 채로 중불에서 3분간 찝니다.

2. 분량대로 **양념**을 섞어 양념장을 만듭니다.

3. **1**에 양념장과 북어포를 넣고 중불에서 2~3분간 볶다가, **녹말물**을 넣고 한 번 더 볶아줍니다.

4. **3**에 5cm 길이로 썬 쪽파와 어슷하게 썬 고추를 넣고 1~2분간 볶은 다음, 쑥갓과 참깨를 넣고 마무리합니다.

1

2

3

4

북어포가 없으면 조개나 깐새우를 넣어도 좋습니다. 고춧가루는 되도록 매콤한 게 좋으나, 청양고추로 대체해서 매운맛을 낼 수 있습니다.

카레덮밥 정식

간단하게 한 끼 해결하고 싶을 때

28-Day

가끔은 이 요리 저 요리 제쳐놓고 한 끼를 간단히 해결하고 싶은 날이 있습니다. 일요일 점심이 그렇죠. 그럴 때는 냉장고 속 채소들도 정리할 겸 카레덮밥이 어떨까요? 카레는 면역력을 높이고 암을 예방해줄 뿐만 아니라, 나트륨이 아닌 향신료 본연의 짭짤한 풍미 덕분에 소금 섭취를 제한해야 하는 환자들에게도 좋습니다.

Shopping Cart

| 닭가슴살 토마토 카레 |

닭가슴살 2쪽(210g)	3,000원
토마토 2개(230g)	500원
감자 1개(180g)	1,000원
브로콜리 1/4개(40g)	500원
양파 1개(200g)	500원
당근 1/4개(50g)	250원
저지방 우유 400ml	450원
고형 카레 1팩	3,000원

| 양상추 셔벗 샐러드 |

양상추 1/4개(100g)	500원
컬러 방울토마토 10개(100g)	1,500원
어린잎채소 1줌(10g)	175원
레몬즙 1큰술	100원
파인애플 통조림 1/2개(130g)	1,250원

| 배추겉절이 |

배추 1/2포기(520g)	1,000원
부추 1줌(50g)	300원
양파 1개(200g)	500원
당근 1/4개(50g)	250원

| 키위 주스 |

키위 3개(75g)	1,250원
사이다 1/2컵	120원
레몬즙 1큰술	100원

 합계 : 16,245원

어떤 재료든 아우르는 융합의 진수
닭가슴살 토마토 카레

아이들이 좋아하는 카레에 토마토, 닭가슴살, 우유를 넣어 진하고 맛있는 한 그릇을 만들어 보았어요. 카레는 어떤 재료를 섞어도 맛있어서, 냉장고에 토막으로 굴러다니는 채소를 정리하기에도 좋은 요리예요. 뜨끈한 밥에 카레를 듬뿍 넣어 비비면 우리 두 아들은 다른 반찬 없이도 두 그릇은 뚝딱 먹습니다.

/ Recipes /

재료(4인분)

토마토	2개(230g)
감자	1개(180g)
닭가슴살	2쪽(210g)
양파	1개(200g)
당근	1/4개(50g)
브로콜리	1/4개(40g)
식용유	1큰술
물	500ml
고형 카레	1팩
저지방 우유	400ml

1. 토마토, 감자, 닭가슴살, 양파, 당근, 브로콜리를 깍둑썰기합니다.

2. 냄비에 식용유를 두르고 고기를 먼저 볶은 다음 당근, 감자, 양파, 브로콜리 순서로 볶다가 토마토를 넣습니다.

3. **2**에 물을 넣고 센불에서 5분간 끓입니다.

4. 우유와 카레를 넣고 중불에서 5분간 저으면서 더 끓여줍니다.

1

2

3

4

味수다
닭고기를 넣어 카레를 만들었기 때문에 기호에 따라 마늘을 넣어도 개운하고 맛있어요. 카레에 넣는 우유는 저지방 우유가 좋습니다. 그래야 카레가 엉겨 붙는 것을 방지할 수 있고 진한 카레 맛을 낼 수 있습니다.

막 담근 생생한 김치가 생각날 땐
배추겉절이

김장김치가 지겨울 때 노란 배춧속을 고추 양념에 슥슥 버무려 아삭아삭 맛있는 배추겉절이를 즐겨보세요. 배추를 소금에 절이지 않고 심심하게 양념해서 샐러드처럼 먹을 수도 있습니다. 기호에 따라 참기름이나 식초를 넣어 드셔도 좋습니다.

/ Recipes /

재료(4인분)

배추	1/2포기(520g)
굵은 소금	2큰술
당근	1/4개(50g)
양파	1개(200g)
부추	1줌(50g)

양념

고춧가루	4큰술
까나리액젓	3큰술
다진 마늘	1큰술
다진 생강	1작은술
설탕	2작은술
깨소금	1큰술

1. 배춧속을 먹기 좋게 썰어서 굵은 소금을 뿌려 1시간 반 동안 절여주세요.

2. 배추가 절여지는 동안 **양념**을 미리 섞어두고, 당근, 양파는 채 썰고 부추는 5cm로 잘라 놓습니다.

3. **1**의 배추를 물로 3번 헹구어 물기를 빼줍니다.

4. 배추에 양념을 넣고 버무리다가, 썰어 놓은 양파, 당근, 부추를 넣고 한 번 더 버무립니다.

배추를 절일 때는 소금을 어떻게 뿌리는지가 중요해요. 배춧잎을 한 겹 깔고 소금을 뿌리고, 그 위에 또 배춧잎을 깔고 소금을 뿌리고를 반복해야 배추가 골고루 잘 절여져요. 또 배추를 절이는 중간중간 배추 위치를 위아래로 바꿔줘야 아래 깔려 있는 배추가 짜지지 않습니다.

달콤하고 시원한 파인애플 드레싱이 듬뿍
양상추 셔벗 샐러드

아삭아삭한 양상추에 방울토마토, 어린잎채소를 곁들여 아이들이 좋아하는 파인애플 드레싱을 얹어보았어요. 아이가 아침에 입맛 없다고 투정 부릴 때 이 샐러드와 토스트 한 조각, 우유 한 잔을 곁들이면 훌륭한 한 끼 식사가 됩니다.

/ Recipes /

재료(4인분)

양상추·············· 1/4개(100g)
컬러 방울토마토······ 10개(100g)
어린잎채소············ 1줌(10g)

파인애플 드레싱

파인애플 통조림····· 1/2캔(130g)
올리고당················· 1큰술
검은깨··················· 1작은술
레몬즙··················· 1큰술
소금······················ 약간

1. 양상추, 컬러 방울토마토, 어린잎채소를 잘 씻어 얼음물에 담가둡니다.

2. 파인애플을 믹서에 간 다음 **드레싱 재료**와 잘 섞어줍니다.

3. **2**의 드레싱은 냉동실에 넣었다가 셔벗이 됐을 때 꺼냅니다.

4. 채소의 물기를 뺀 다음 드레싱과 함께 냅니다.

1

2

3

4

味주다

드레싱은 하루 전날 미리 만들어 냉동실에 넣어두면 셔벗 상태가 됩니다. 파인애플은 곱게 갈지 말고 알갱이가 씹힐 정도로 살짝 갈아주세요. 만약 드레싱을 하루 전에 만들어두지 못했다면 드레싱을 냉동실에 2~3시간 넣었다가 샐러드 위에 얹기 전에 꺼내 살짝 녹입니다. 기호에 따라 샐러드 위에 견과류나 말린 크랜베리, 리코타치즈 등을 얹어도 맛이 좋습니다.

마시는 종합비타민
키위 주스

카레와 잘 어울리는 새콤한 키위 주스 한 잔으로 한 끼 식사를 마무리해보세요. 키위에는 비타민 C가 오렌지의 2배, 비타민 E가 사과의 6배, 식이섬유가 바나나의 5배나 들어 있어서 바쁜 현대인들에게 특히 좋은 영양 과일이에요.

/ Recipes /

재료(1인분)

키위	3개(75g)
사이다	1/2컵
레몬즙	1큰술
올리고당	1큰술
얼음	6~8개

1. 믹서기에 껍질을 깐 키위와 사이다를 넣고 갈아요.

2. 레몬즙, 올리고당을 넣고 한 번 더 갈아줍니다.

3. 기호에 따라 얼음을 넣어서 갈아도 좋습니다.

4. 얇게 썬 키위를 투명 유리컵 안쪽에 붙인 다음 키위 주스를 부어줍니다.

味수다

키위가 단단하면 새콤한 맛이 강하고, 무르면 단맛이 강하니 입맛에 맞춰 구매하면 좋습니다. 고기 요리에 키위를 넣으면 연육 작용을 해서 고기가 부드러워집니다. 키위가 무르거나 신맛이 강해 먹기 힘들 땐 갈아서 얼음 틀에 넣고 얼렸다가 고기 재울 때 하나씩 꺼내 사용하세요.

일품요리 04

허한 속을 따뜻하게 채우는 영양죽

- 흰죽
- 소고기 야채죽
- 새우 조개죽

흰죽

재료(1인분) 불린 쌀 100g, 참기름 1/2큰술(기호에 따라 추가), 물 800ml

1 냄비에 참기름을 두르고 불린 쌀을 볶다가 물 100ml를 붓고 중불에서 2분간 물기가 자작자작해질 때까지 볶습니다. 2 ❶에 물을 100ml씩 2번 더 붓고 볶아 줍니다. 3 ❷에 물 500ml를 붓고 센불로 끓이다가 끓어오르면 약불로 줄여 10분간 끓입니다. 된죽이 좋으면 1~2분 정도 더 끓여줍니다.

소고기 야채죽

재료(1인분) 불린 쌀 100g, 소고기 갈은 것 5큰술, 다진 마늘 1큰술, 참기름 1/2큰술, 다진 부추 1큰술, 다진 양파 1큰술, 다진 당근 1큰술, 물 800ml, 깨 약간, 조미김 약간, 소금 약간

1 프라이팬에 소고기, 다진 마늘, 참기름을 넣고 고기가 익을 때까지 약불에서 볶습니다. 2 ❶에 불린 쌀을 넣고 약불에서 볶다가, 물 100ml를 붓고 중불에서 2분간 물기가 자작해질 때까지 볶아줍니다. 3 ❷의 과정을 2번 반복합니다. 4 ❸에 물 500ml를 붓고 센불로 끓이다가 끓어오르면 약불로 줄여 10분간 끓입니다. 죽을 그릇에 담고 조미김 가루와 깨, 소금을 약간 뿌립니다.

새우 조개죽

재료(1인분) 불린 쌀 100g, 조개 100g, 깐새우 60g, 물 800ml, 다진 마늘 1큰술, 참치액젓 2/3큰술

1 불린 쌀을 냄비에 넣고 살짝 볶습니다. 2 조개, 깐새우, 물 800ml를 넣고 끓이다가 다진 마늘, 참치액젓을 넣고 한소끔 끓인 후, 조개껍데기는 버립니다. 3 국물은 따로 덜어 놓습니다. 4 ❶에 ❸의 육수를 100ml 붓고 중불에서 2분간 물기가 자작자작해질 때까지 볶아줍니다. 5 ❹의 과정을 두 번 반복합니다. 6 ❺에 육수 500ml를 붓고 센불로 끓이다가 끓어오르면 약불로 줄여 10분간 끓입니다. 7 ❷의 조개와 새우를 건져 죽에 넣고 섞어줍니다.

원기충전 밥상

나른한 몸에 활력을 불어넣는

봄이 되면 몸이 나른하고 찌뿌둥한 것이 밥만 먹고 나면 병든 닭처럼 꾸벅꾸벅 졸기 일쑤입니다. 이런 현상은 계절 변화에 우리 몸이 적응하지 못해 일시적으로 생기는 증세라고 합니다. 일시적이라고 해도 운전하거나 공부할 때 졸음이 밀려오면 큰 낭패가 아닐 수 없죠. 춘곤증에는 비타민과 미네랄이 풍부한 봄나물이 약이라고 합니다. 오늘은 비타민 가득한 재료들로 나른함을 물리칠 밥상을 차려보겠습니다.

29-Day

Shopping Cart

| 묵은지 고등어 조림 |

고등어 1마리(300g)	3,000원
홍고추 1개(10g)	100원
청양고추 2개(16g)	200원
무 1토막(150g)	250원
양파 3/4개(150g)	375원
대파 1대	500원

| 두릅초회 |

| 두릅 150g | 3,000원 |
| 관자 120g | 3,000원 |

| 참치 달걀말이 |

| 달걀 5개 | 1,000원 |
| 참치캔 1/2개 | 1,600원 |

| 무말랭이무침 |

| 무말랭이 50g | 1,500원 |

합계 : 14,525원

밥도둑이 따로 없는
묵은지 고등어 조림

냄비 밑에 묵은지를 깔고 살이 통통하게 오른 고등어를 얹어서 양념 넣고 뭉근하게 끓이면 묵은지 고등어 조림이 완성됩니다. 묵은지와 고등어만 있으면 누구나 쉽게 해볼 수 있는 초 간단 요리입니다. 팁이라면 묵은지가 투명해질 때까지 약불에서 은근히 조려줘야 깊은 맛이 난다는 것입니다.

/ Recipes /

재료(4인분)

고등어	1마리(300g)
무	1토막(150g)
묵은지	1/2포기(450g)
양파	3/4개(150g)
홍고추	1개(10g)
청양고추	2개(16g)
대파	1대(80g)

양념

간장	2큰술
고춧가루	2큰술
고추장	1큰술
다진 마늘	1큰술
미림	1큰술
참치액젓	1큰술
설탕	1/2큰술
물	400ml

1. 고등어는 토막 낸 다음 핏기가 남아 있지 않도록 흐르는 물에 깨끗하게 씻고, 묵은지는 뿌리 쪽을 잘라 준비합니다.

2. 냄비에 1cm 두께로 넓적하게 자른 무를 깔아줍니다.

3. 분량의 **양념**을 섞어 양념장을 만들고, 무 위에 양념을 얹은 다음 고등어, 양념, 묵은지, 채 썬 양파, 양념 순서로 올립니다. 중불에서 3분간 끓이고 약불에서 30분을 더 끓입니다.

4. **3**에 어슷하게 썬 고추와 큼직하게 썬 대파를 올려 한소끔 끓여줍니다.

味수다

김장김치를 넉넉하게 담가서 이듬해 가을까지 먹을 수 있게 준비하면 여러 요리에 두루 활용할 수 있습니다. 김치찌개도 끓여 먹고 김치전도 부쳐 먹고, 또 양념을 헹구어 냉동실에 넣어두고 여름에 묵은지쌈도 싸먹을 수 있습니다.

생선은 간이 되어 있지 않으면 조리는 중에 살이 부서질 수 있습니다. 요리하기 전에 소금에 살짝 절여 주면 살이 단단해져서 부서지지 않습니다.

나른한 봄에 꼭 먹어야 할
두릅초회

향긋한 두릅과 부드러운 관자를 함께 먹으면 두릅의 강한 향도 완화되고, 해물도 함께 먹을 수 있어서 좋습니다. 새콤한 초장을 곁들이거나 쌈장에 찍어 드셔도 맛있습니다. 두릅은 두릅나무의 어린 순으로 단백질과 무기질이 많고 비타민 C도 풍부합니다.

/ Recipes /

재료(4인분)
- 관자 …………… 120g
- 두릅 …………… 150g

양념
- 매실액 …………… 1큰술
- 고추장 …………… 2큰술
- 2배 식초 …………… 1/2큰술
- 다진 마늘 …………… 1/2큰술
- 참깨 …………… 1작은술
- 설탕 …………… 1작은술

1. 관자는 끓는 물에 1~2분간 데칩니다.

2. 두릅 잎을 손으로 모아 잡고 아랫부분을 끓는 물에 담가 1분 정도 데치다가, 잎까지 물에 담가 1~2분간 더 데칩니다.

3. **양념**을 분량대로 섞어서 초고추장을 만듭니다.

4. 데친 두릅과 관자는 물기를 빼고 초고추장을 넣어 버무리거나, 초고추장을 따로 덜어 내놓습니다.

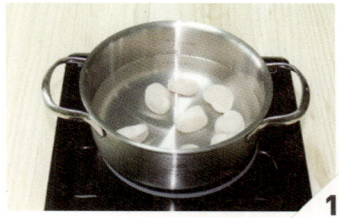
1

2

3

4

두릅은 딱딱한 아랫부분을 먼저 데치고 그다음에 잎을 데쳐줘야 위아래가 고르게 데쳐집니다. 잎이 피지 않고 껍질이 많이 마르지 않고 향기가 강한 것이 신선한 두릅입니다. 두릅은 밑동을 감싸고 있는 딱딱한 껍질을 잘라내고 줄기에 있는 가시를 칼로 긁어낸 후 요리합니다.

집밥 대표 메뉴
참치 달걀말이

마땅한 반찬이 없을 때 뚝딱 만들 수 있는 요리가 달걀말이입니다. 같은 달걀말이라도 속에 넣는 재료에 따라 다양한 맛을 낼 수 있습니다. 오늘은 기름기 쪽 뺀 참치를 넣고 돌돌 말아봤습니다. 달걀말이 위에 스테이크 소스를 뿌리고 다진 피클과 함께 먹어도 궁합이 잘 맞습니다.

/ Recipes /

재료(4인분)
다시마(5x5cm)	2장
물	100ml
달걀	5개
참치캔	1/2개(120g)
부추	약간
소금	1/2작은술
식용유	약간

1. 미지근한 물에 다시마를 5분간 담갔다 빼, 다시마물을 만듭니다.

2. 달걀에 다시마물을 넣고 잘 섞습니다.

3. 프라이팬에 식용유를 두르고 달걀물 붓습니다. 달걀물은 한 번에 다 붓지 말고 조금 남겨둡니다. 불은 약불에 맞춥니다.

4. 달걀 아랫면이 익기 시작하면 부추와 체에 걸러 기름 뺀 참치를 한쪽에 길게 넣어줍니다.
달걀물이 굳지 않도록 달걀물을 조금씩 넣어가며 달걀을 천천히 말아줍니다.

味수다 달걀말이를 할 때 불을 세게 하면 달걀이 금세 익어버리기 때문에 실패할 가능성이 큽니다. 인내심을 가지고 약한 불에서 천천히 말아줘야 도톰한 달걀말이를 만들 수 있습니다.

참치 달걀말이

오독오독 맛있는
무말랭이무침

오독오독 씹을수록 맛있는 무말랭입니다. 무말랭이는 폐경기 여성에게 부족하기 쉬운 칼슘을 보충하고 골다공증을 예방할 수 있습니다. 살림하랴, 가족들 건강 챙기랴, 자기 관리에 소홀하기 쉬운 우리 주부들이 자주자주 챙겨 먹어야 할 음식입니다.

/ Recipes /

재료(4인분)

무말랭이	50g
간장	2큰술
매실액	2큰술

양념

고춧가루	2큰술
다진 마늘	1큰술
조청	1큰술
참기름	1/2큰술
통깨	1작은술

찹쌀풀

물	100ml
찹쌀가루	2큰술

1. 무말랭이는 물에 담가서 물기를 흡수하면, 2~3번 헹구어준 다음 물기를 꼭 짭니다.

2. 무말랭이에 간장과 매실액을 넣고 조물조물 무칩니다.

3. 냄비에 물과 찹쌀가루를 넣고 끓여서 **찹쌀풀**을 만듭니다.
   찹쌀풀은 무말랭이와 양념이 잘 붙게 합니다.

4. **2**에 찹쌀풀 2큰술과 **양념**을 넣고 조물조물 무칩니다.
   무친 무말랭이는 냉장고에 넣었다가 2~3일 후에 꺼내 먹으면 양념이 적당히 배어 맛있습니다.

가을무를 썰어서 소금물에 살짝 절였다가 말려놓으면 1년 동안 먹을 양식이 만들어집니다. 저는 중간 두께의 채칼로 썰어 조금 얇은 무말랭이를 만들었어요. 무말랭이에 실파와 고춧잎을 넣어 무치면 더욱 맛있습니다.

참나물 더덕밥 정식
밥알 하나하나 향긋하고 맛있는

계절이 바뀌는 문턱에서 감기나 몸살을 심하게 앓는 경우가 많습니다. 미리미리 보양식을 먹어두면 계절 변화에 적응할 힘이 생기지요. 원기회복에 도움이 되는 참나물 더덕밥으로 식구들의 건강을 챙겨보세요. 쌉쌀하고 향긋한 더덕 향이 밥알 하나하나 쏙쏙 스며들어 없던 입맛도 생긴답니다. 곁들이는 반찬은 집에 늘 있는 식재료를 활용해서 간단하게 만들 수 있는 반찬들입니다.

30-Day

Shopping Cart

| 참나물 더덕밥 |

더덕 5뿌리(100g)	9,000원
참나물 200g	2,000원
다진 청고추 1큰술	50원
다진 홍고추 1큰술	50원
다진 양파 1큰술	100원

| 삼색전 |

표고버섯 4개(80g)	800원	두부 1모(150g)	1,500원
청고추 2개(20g)	200원	다진 당근 2큰술	100원
홍고추 2개(20g)	200원	다진 양파 2큰술	100원
양파 1개(200g)	500원	다진 부추 2큰술	60원
간 돼지 고기 200g	2,000원	달걀 2개	400원

| 북어포무침 |

북어포 3줌(90g)	7,200원

| 묵은지지짐 |

합계 : 24,260원

밥알에 더덕 향이 진하게 배어든
참나물 더덕밥

더덕을 손으로 찢어 넣고 밑간을 살짝 해서 고슬고슬한 솥밥을 지어보세요. 뚜껑을 여는 순간 더덕 향이 진하게 느껴집니다. 여기에 참나물과 달래장을 넣고 슥슥 비비면 아이들도 잘 먹는 참나물 더덕밥이 완성됩니다.

/ Recipes /

재료(4인분)

쌀	2컵
다시마(5x5cm)	1장
소금	1/2작은술
간장	1작은술
참기름	1작은술
더덕	5뿌리(100g)
참나물	200g

달래장

달래 또는 쪽파	1줌(60g)
간장	5큰술
국간장	2큰술
고춧가루	2작은술
참깨	2큰술
들기름	1큰술
다진 청고추	1큰술
다진 홍고추	1큰술
다진 양파	1큰술

1. 더덕은 껍질을 벗기고 방망이로 두드려 핀 다음, 먹기 좋은 크기로 뜯습니다.

2. 쌀을 씻어서 1시간 동안 불린 후 체에 밭쳐 물기를 뺍니다.

3. 냄비에 불린 쌀과 쌀 무게의 1.5배가량 물을 넣은 다음, 다시마와 소금, 간장을 넣고 센불에서 끓입니다. 밥이 끓어오르면 한 번 저어주고 뚜껑을 덮고 중불에서 15분간 끓입니다.

4. **3**에서 다시마를 뺀 다음 참기름, 더덕을 얹고 약불에서 5분간 뜸을 들입니다.

5. 작게 썬 달래와 양념 재료를 섞어 **달래장**을 만듭니다.

6. 더덕밥을 그릇에 던 다음 그 위에 참나물을 얹고, 달래장을 곁들입니다.

1

2

3

4

5

6

솥밥을 지을 때는 쌀을 불린 다음 쌀 무게의 1.5배가량 물을 넣어야 고슬고슬 맛있는 밥이 됩니다. 더덕은 뜨거운 물에 살짝 넣었다가 꺼내면 끈기가 사라지고 껍질도 쉽게 제거할 수 있습니다.

입맛 없을 때 최고!
묵은지지짐

저는 고소한 참기름보다는 향긋한 들기름을 훨씬 좋아해서 들기름 넣고 묵은지를 푹 조려보았어요. 입맛 없을 때 뜨거운 물에 밥 말아서 묵은지지짐 한 점 얹어 먹으면 앉은자리에서 밥 한 그릇 뚝딱 먹어 치웁니다.

/ Recipes /

재료(4인분)

묵은지	1포기(500g)
물	400ml
다시마(5x5cm)	1장
들기름	3큰술
다진 마늘	1큰술
다진 대파	1큰술
참치액젓	1/2큰술
올리고당	1큰술

1. 묵은지를 헹궈 고춧가루와 양념을 씻어내고 7cm 정도 길이로 썹니다.

2. 냄비에 물과 다시마를 넣고 중불에서 5분간 끓인 다음 다시마는 건지고, 들기름 2큰술, 다진 마늘, 다진 대파, 참치액젓, 올리고당을 넣고 한소끔 더 끓여줍니다.

3. **2**에 묵은지를 넣고 뚜껑을 덮고 묵은지가 투명해질 때까지 중불에서 5분, 약불에서 15분 정도 조립니다.

4. 다 조리고 나면 들기름 1큰술을 넣어 향을 냅니다.

味수다 묵은지가 너무 짜면 물에 1시간 정도 담가 짠맛을 우려내고 요리합니다. 묵은지지짐에 된장을 1큰술 넣고 국물을 자박하게 부어 끓이면 묵은지 된장찌개가 됩니다.

누가 해도 맛있는 쉬운 밑반찬
북어포무침

갓 지은 흰쌀밥에 빨갛게 무친 북어포 한 점 올려서 드셔보세요. 입맛 없을 때 또는 마땅한 반찬이 생각나지 않을 때 만들어 먹으면 좋습니다. 쪽파나 더덕, 도라지를 첨가해서 드셔도 맛있습니다.

/ Recipes /

재료(4인분)

북어포 ·················· 3줌(90g)

양념

고추장	2큰술
올리고당	2큰술
다진 마늘	1큰술
매실액	1큰술
참기름	1큰술
참깨	1작은술
생강가루	1작은술
까나리액젓	1/2큰술

1. 북어포는 가시를 골라내고 먹기 좋은 크기로 찢어주세요.

2. 북어포를 물에 살짝 적셨다가 꼭 짜서 물기를 제거합니다.

3. **양념**을 분량대로 섞어서 준비합니다.

4. 북어포를 양념과 함께 조물조물 무칩니다.

1

2

3

4

마른 북어를 갈아서 가루를 만들어 놓으면 조미료로 활용할 수 있습니다. 북어가루는 나물이나 해물 찜에 넣으면 구수한 맛을 냅니다.

언제 내놔도 칭찬받는
삼색전

동그랑땡 재료를 채소 속에 넣고 전을 부쳐봤습니다. 고추의 빨간색과 초록색, 양파의 하얀색, 표고버섯의 갈색이 눈을 즐겁게 합니다. 색이 고운 삼색전은 손님상이나 명절 음식으로 내어도 칭찬받는 요리입니다.

/ Recipes /

재료(4인분)

표고버섯	4개(80g)
청고추	2개(20g)
홍고추	2개(20g)
양파	1개(200g)
달걀	2개
포도씨유	약간

동그랑땡 재료

간 돼지고기	200g
물기 짠 두부	1모(150g)
다진 당근	2큰술
다진 양파	2큰술
다진 부추	2큰술
소금	1/2큰술
후추	약간
간장	1/2큰술
생강가루	약간
마늘가루(또는 다진 마늘)	약간

1. 표고버섯은 대를 잘라주고 고추는 반을 갈라 씨를 뺍니다. 동그랗게 썬 양파는 제일 큰 가운데 부분만 분리해서 다른 채소와 함께 안쪽에 밀가루를 발라줍니다.

2. 두부는 물기를 꼭 짜고 당근, 양파, 부추는 곱게 다져줍니다. 볼에 두부, 당근, 양파, 부추, 돼지고기, 소금, 후추, 간장, 생강가루, 마늘가루를 넣고 잘 치댑니다.

3. 표고버섯, 고추, 양파 링에 **2의 동그랑땡 재료**를 넣어 속을 채워줍니다.

4. 프라이팬에 포도씨유를 두르고 속을 채운 채소를 밀가루, 달걀물 순서로 옷을 입혀 노릇하게 부칩니다.

1

2

3

4

味수다 채소 안쪽에 밀가루를 발라두면 부칠 때 속 재료가 떨어지지 않습니다. 가지나 호박을 동그랗게 자른 다음 속을 파내고 같은 방법으로 부쳐도 좋습니다.

권/말/특/집

01. 엄마 손맛 흉내 내기
한국의 대표 반찬, 김치 | 입맛 살려주는 장아찌 & 피클 | 별미 중의 별미, 해물장

02. 요리 왕초보를 위한 초밀착 코칭
햇반이 필요 없는 맛있는 밥짓기 | 브런치 카페처럼 달걀 요리 예쁘게 만들기 | 칼질 공포증을 극복하는 칼 사용법 | 요리 시간을 반으로 줄이는 재료 손질법 | 유통기한 늘리는 음식 재료 보관법 | 면 요리가 만만해지는 면 삶기 | 요리하다 마트로 달려가지 않으려면 갖춰야 할 필수 양념 | 요리가 쉬워지는 똑똑한 조리도구

엄마 손맛 흉내 내기 · 01
한국의 대표 반찬, 김치

다른 반찬은 잘 만들면서 김치는 사 먹거나 어머니에게 의지하는 주부들이 많습니다. 무생채나 오이소박이 같은 간단한 김치부터 배추김치, 열무김치 등 다양한 김치를 마스터하면 진정한 주부 9단으로 거듭날 수 있습니다.

배추김치

재료 배추 1포기(2.4kg), 굵은 소금 1컵(200ml), 물 1L, 굵은 소금 2큰술
속재료 무 1/3토막(500g), 굵은 소금 1큰술, 양파 1과 1/2개(300g), 쪽파 1/4단(100g)
양념 다진 마늘 3큰술(40g), 다진 생강 2큰술(30g), 고춧가루 1컵(200ml), 까나리액젓 1/2컵(100ml), 화인스위트 1/2작은술, 소금 약간

1 물 1L에 굵은 소금 1컵을 넣어 소금물을 만들어준 다음, 4쪽으로 쪼갠 배추를 넣고 절입니다. 배추를 절일 때 줄기에는 굵은 소금 2큰술을 골고루 뿌립니다. 3시간 후 배추를 뒤집어 3시간 더 절입니다. 절인 배추는 물에 2~3번 헹군 다음 채반에 밭쳐 물기를 뺍니다.
2 무를 채 썰어 굵은 소금 1큰술에 1시간 동안 절인 다음, 물에 헹궈 채반에 밭쳐 물기를 뺍니다.
3 양파는 채 썰고 쪽파는 5~6cm 길이로 자릅니다.
4 **양념**에 무, 양파, 쪽파를 넣고 버무립니다.
5 물기를 짠 절인 배추를 한 장씩 들어 올려 ❹를 넣어줍니다.
6 김치통에 김치를 넣고 비닐을 덮어 실온에서 1~2일간 숙성한 다음 김치냉장고에 보관합니다.

대파김치

재료 대파 1단(600g), 굵은 소금 3큰술
양념 배 1/4개(100g), 양파 1/2개(80g), 까나리액젓 2큰술, 밥 5큰술(60g), 마늘 8~10쪽(35g), 고춧가루 4큰술, 화인스위트 약간, 소금 약간

1 대파는 5~6cm 크기로 자릅니다. 대파가 굵으면 반을 가른 후 자릅니다.
2 대파를 굵은 소금을 뿌려 1시간 동안 절인 다음 물에 헹구고 채반에 밭쳐 물기를 뺍니다.
3 믹서기에 배, 양파, 까나리, 밥, 마늘을 넣어 갈아준 다음 고춧가루, 화인스위트, 소금을 넣어 섞습니다.
4 절인 대파에 **양념**을 넣고 잘 버무립니다.
5 실온에서 1~2일 정도 익힌 다음 냉장 보관합니다.

열무김치

재료 열무 1/2단(600g), 얼갈이 1/2단(400g), 굵은 소금 1컵(200ml), 물 600ml, 고춧가루 3큰술, 소금 1큰술, 매실액 2큰술, 화인스위트 1/2작은술, 홍고추 2개(20g), 쪽파 6줄기(60g), 청고추 2개(20g), 대추 10알
찹쌀풀 황태물 300ml(물 600ml, 황태 1/2마리(50g), 다시마 5×5cm 2장, 표고버섯 3개를 넣고 끓인 물), 찹쌀가루 2큰술
양념 홍고추 12개(120g), 까나리액젓 5큰술, 생강 2쪽(20g), 마늘 8~10쪽(35g), 양파 1개(200g)

1 열무와 얼갈이를 6~7cm 길이로 다듬어서 깨끗이 씻은 다음 굵은 소금을 뿌려 1시간 동안 절입니다.
2 절인 열무와 얼갈이를 물에 헹군 다음, 채반에 밭쳐 물기를 뺍니다.
3 황태물에 찹쌀가루를 넣고 1~2분간 끓인 다음 식혀서 **찹쌀풀**을 만듭니다.
4 믹서기에 홍고추, 까나리액젓, 생강, 마늘, 양파를 넣고 갈아서 **양념**을 만듭니다. 양념에 찹쌀풀, 물, 고춧가루, 화인스위트, 소금, 매실액을 넣고 잘 섞어줍니다.
5 ❹에 5cm 길이로 다듬은 쪽파, 채 썬 양파, 어슷하게 썬 고추, 대추를 넣고 황태물 만들 때 사용한 표고버섯을 썰어서 넣습니다.
6 열무와 얼갈이를 **양념**에 버무려서 김치통에 넣습니다.

오이 물김치

재료 오이 5개(1kg), 굵은 소금 1컵(200ml), 물 1L
속재료 무 100g, 홍고추 1개(10g), 배 1/4개(100g),
　　　　　양파 1/2개(100g), 부추 1줌(50g)
양념 까나리액젓 3큰술, 소금 1과 1/2큰술,
　　　　화인스위트 1작은술, 물 400ml
찹쌀풀 물 400ml, 찹쌀가루 2큰술

1. 오이는 굵은 소금으로 껍질을 문질러 씻고, 양 끝을 자른 다음 반으로 나눕니다.
2. 자른 오이는 양 끝을 1cm 정도 남기고 열십(十)자로 칼집을 냅니다.
3. 물 1L에 굵은 소금 1컵을 넣고 녹인 다음, 오이를 넣고 1시간 동안 절입니다. 오이를 구부려봐서 잘 휘어지면 깨끗이 씻어 채반에 받쳐서 물기를 뺍니다.
4. 무, 홍고추, 배, 양파는 얇게 채 썰고 부추는 5~6cm 길이로 자릅니다. 오이의 칼집 사이로 채 썬 채소를 넉넉히 넣습니다.
5. 유리용기에 **양념**과 **찹쌀풀**(물 400ml에 찹쌀가루 2큰술을 넣고 끓인 물)을 넣고 잘 저어준 다음, 속을 채운 오이를 넣어 완성합니다.
6. 오이 물김치는 실온에 1~2일 정도 두었다가 새콤한 향이 나면 냉장고에 두고 차게 해서 먹습니다.

무생채

재료 무 1/2개(600g), 굵은 소금 1큰술, 쪽파 3줄기(30g),
　　　　양파 1/2개(100g)
양념 까나리액젓 1과 1/2큰술, 다진 마늘 1큰술,
　　　　고운 고춧가루 1큰술, 화인스위트 약간,
　　　　기호에 따라 소금 약간

1. 채 썬 무에 굵은 소금, 화인스위트를 골고루 뿌려 20분간 절입니다. 절인 무채는 헹군 다음 채반에 받쳐 물기를 뺍니다.
2. 쪽파는 5~6cm 길이로 자르고 양파는 채 썹니다.
3. 볼에 **양념** 재료를 넣고 섞습니다.
4. 무채, 쪽파, 양파를 양념과 함께 버무립니다.

명이나물 장아찌

재료 산마늘잎 600g
간장물 사과 1개(200g), 양파 1개(200g), 다시마(5×5cm) 2장, 황태 1/2마리(150g), 물 400ml, 식초 200ml, 간장 200ml, 설탕(또는 매실액) 200ml, 참치액젓 1큰술

1. 산마늘잎을 깨끗이 씻은 다음 세로로 세워서 물기를 뺍니다.
2. 냄비에 **간장물** 재료를 넣고 5분간 중불에서 끓입니다. 다시마를 건지고 5분간 약불에서 끓인 다음 건더기를 모두 건집니다.
3. 유리용기에 산마늘잎을 넣고 식힌 간장물을 붓습니다.
4. 산마늘잎이 떠오르지 않도록 무거운 것으로 누릅니다.
5. 하루 정도 실온에서 숙성시킨 후 간장물만 따라내 끓여 식힌 다음, 다시 붓고 냉장 보관합니다.

엄마 손맛 흉내 내기 • 02
입맛 살려주는 장아찌 & 피클

입맛 없을 때나 느끼한 음식을 먹을 때 새콤한 장아찌와 피클을 한 점 먹으면 입안이 개운해지면서 식욕이 돕니다. 맛있는 밥도둑 장아찌와 피클 만드는 법을 알려드리겠습니다.

마늘 장아찌

재료 깐마늘 600g
간장물 식초 200ml, 물 300ml, 간장 100ml, 청주 100ml, 소금 2큰술, 설탕 2큰술

1. 깐마늘은 뿌리를 잘라내고 깨끗이 씻은 다음 채반에 밭쳐 물기를 뺍니다.
2. 냄비에 **간장물** 재료를 넣고 팔팔 끓인 다음 차게 식힙니다.
3. 유리용기에 깐마늘과 간장물을 넣고 일주일 동안 실온에 두어 매운맛을 완화시킵니다.
4. 간장물만 따라낸 다음 간장과 설탕을 더 넣고 팔팔 끓여 식힙니다. 식힌 간장물을 다시 붓고 마늘 장아찌를 한 달 동안 숙성합니다.

새송이 장아찌

재료 새송이버섯 600g
간장물 대파 1대(75g), 양파 1개(200g), 다시마(5×5cm) 2장,
황태포 1/4마리(30g), 간장 200ml, 물 400ml, 맛술 1큰술,
아가베시럽(또는 꿀) 1큰술, 설탕 1큰술, 참치액젓 1큰술

1 새송이버섯은 밑동을 자르고 0.5cm 두께로 편 썹니다.
2 간장물 재료를 냄비에 넣고 중불에서 5분간 끓이다가,
 다시마를 건지고 5분간 약불에서 끓인 다음 건더기를
 모두 건져냅니다.
3 유리용기에 새송이버섯을 넣고 뜨거운 간장물을 붓습니다.
4 새송이버섯이 떠오르지 않도록 무거운 것으로 눌러줍니다.
5 새송이 장아찌는 실온에 반나절 두었다가 간장물만 따라내 끓여 다시 부어준 후 냉장 보관합니다.
 새송이 장아찌는 수분이 많아 실온에 오래 두면 상할 수 있으니 꼭 냉장 숙성해서 먹습니다.

마 장아찌

재료 마 600g
간장물 간장 400ml, 물 400ml, 설탕 400ml, 식초 400ml

1 마는 필러로 껍질을 벗긴 후 0.5~0.7cm 두께로
 동글동글하게 자릅니다.
2 간장물 재료를 냄비에 넣고 끓입니다.
3 유리용기에 마를 넣고 뜨거운 간장물을 붓습니다.
4 마가 떠오르지 않게 무거운 것으로 눌러줍니다.
5 마 장아찌는 실온에서 하루 동안 숙성한 다음
 간장물만 따라내 끓여 다시 부어준 후 냉장 보관합니다.

마늘종 장아찌

재료 마늘종 600g
간장물 간장 400ml, 물 400ml, 설탕 400ml, 식초 400ml

1 마늘종을 깨끗이 씻어서 5~6cm 정도 길이로 자릅니다.
2 **간장물** 재료를 냄비에 넣고 끓입니다.
3 유리용기에 마늘종을 넣고 뜨거운 간장물을 붓습니다.
4 마늘종이 떠오르지 않게 무거운 것으로 눌러줍니다.
5 마늘종 장아찌는 실온에서 하루 동안 숙성한 다음 간장물만 따라내 끓여 다시 부어준 후 냉장 보관합니다.

두부 장아찌

재료 두부 1모(300g) **간장물** 국간장 200ml, 간장 200ml, 물 200ml

1 두부는 물기를 빼고 냉장고에 하루 동안 둬서 단단한 상태로 만듭니다.
2 냄비에 **간장물** 재료를 넣고 끓인 후 식힙니다.
3 유리용기에 두부와 간장물을 부은 다음, 바로 냉장 보관합니다.
4 일주일 뒤에 두부를 꺼내서 사방 1cm 크기로 자른 다음, 다진 마늘, 다진 대파, 들기름, 설탕, 고춧가루를 넣고 조물조물 무쳐 먹습니다.

더덕 장아찌

재료 더덕 600g
양념 고추장 15큰술, 다진 마늘 3큰술, 조청 3큰술

1 더덕을 솔로 문질러준 흙을 제거한 다음, 물로 깨끗이 씻습니다.
2 더덕은 껍질을 손으로 깐 다음, 0.3cm 두께로 썰고 방망이로 두드려 폅니다.
3 두드린 더덕을 채반에 편 다음 하루 동안 말려서 수분을 뺍니다.
4 더덕에 **양념**을 켜켜이 발라준 다음 냉장 보관했다가 일주일 후에 먹습니다.

양배추 깻잎 피클

재료 양배추 10장, 깻잎 20장
피클물 물 400ml, 설탕 200ml, 식초 200ml, 소금 1큰술

1. 양배추와 깻잎은 깨끗이 씻어서 채반에 세로로 세워 물기를 뺍니다.
2. 양배추 1장과 깻잎 2장을 겹쳐 유리용기에 층층이 쌓아줍니다.
3. 냄비에 **피클물** 재료를 넣고 끓인 후 한 김 식혀서 ❷에 붓습니다.
4. 양배추 깻잎 피클은 실온에 하루 정도 숙성합니다.
5. 오래 두고 먹을 거라면 피클물만 한 번 더 끓여 붓고 냉장 보관합니다.

오이 양파 피클

재료 오이 1과 1/2개(300g), 양파 1개(200g), 홍고추 2개(20g), 청양고추 6개(50g)
피클물 간장 100ml, 식초 200ml, 물 400ml, 설탕 200ml, 소금 1과 1/2큰술, 레몬즙 1큰술

1. 오이, 양파, 고추는 깨끗이 씻어 먹기 좋은 크기로 썹니다.
2. 냄비에 **피클물** 재료를 넣고 팔팔 끓입니다.
3. 오이, 양파, 고추를 유리용기에 담고 뜨거운 피클물을 붓습니다.
4. 오이 양파 피클을 실온에서 하루 정도 숙성합니다.
5. 오래 두고 먹을 거라면 피클물만 한 번 더 끓여 붓고 냉장 보관합니다.

무 비트 피클

재료 무 1/2개(500g), 비트 1/2개(200g)
피클물 물 400ml, 식초 200ml, 설탕 200ml,
소금 1과 1/2큰술, 피클링 스파이스 1큰술

1 무와 비트를 두께 1cm, 길이 3cm로 썹니다.
2 냄비에 피클물 재료를 넣고 팔팔 끓입니다.
3 무와 비트를 유리용기에 담고 뜨거운 **피클물**을 붓습니다.
4 무 비트 피클을 실온에서 하루 정도 숙성합니다.
5 오래 두고 먹을 거라면 피클물만 한 번
끓여 붓고 냉장 보관합니다.

셀러리 레몬 피클

재료 셀러리 400g, 마늘 10~20쪽(40g), 레몬 1개(100g)
피클물 물 400ml, 식초 200ml, 설탕 200ml, 소금 1큰술

1 셀러리는 먹기 좋은 크기로 썰고 마늘은 편으로 썰고 레몬은 얇고 동그랗게 썹니다.
2 냄비에 **피클물** 재료를 넣고 팔팔 끓입니다.
3 셀러리와 마늘, 레몬을 유리용기에 담고 뜨거운 피클물을 붓습니다.
4 셀러리 레몬 피클을 실온에서 하루 정도 숙성합니다.
5 오래 두고 먹을 거라면 피클물만 한 번 더
끓여 붓고 냉장 보관합니다.

엄마 손맛 흉내 내기 · 03
별미 중의 별미, 해물장

간장게장, 새우장, 낙지장 등의 해물장들은 짭조름하면서도 감칠맛이 풍부해서 별미 중의 별미입니다. 해산물 좋아하는 두 아들이 1순위로 꼽는 집 반찬입니다.
(해물장은 짠맛이 강한 젓갈이 아니므로 될 수 있는 대로 빨리 드시기 바랍니다.)

새우장

재료 새우 50~60마리(1kg), 간장 400ml, 소주 200ml, 참치액젓 1큰술, 물 200ml
채소물 물 800ml, 사과 1/2개(120g), 양파 1/2개(100g), 마늘 8~9쪽(30g), 대파 1대(75g), 다시마(5×5cm) 2장, 생강 2쪽(20g), 감초(또는 설탕) 20g

1. 냄비에 **채소물** 재료를 넣고 중불에서 5분간 끓입니다.
2. 다시마를 건지고 채소가 물러질 때까지 5분 더 끓인 다음 채에 걸러서 채소물을 받아놓습니다.
3. 채소물에 간장, 소주, 참치액젓, 물을 넣고 팔팔 끓인 다음 식힙니다.
4. 유리용기에 새우를 켜켜이 쌓은 후 ❸을 붓고 냉장 보관합니다.

낙지장

재료 낙지 3마리(1kg), 밀가루 3큰술
간장물 간장 400ml, 소주 200ml, 참치액젓 1큰술, 물 200ml
채소물 물 800ml, 사과 1/2개(120g), 양파 1/2개(100g), 마늘 8~9쪽(30g), 대파 1대(75g), 다시마(5×5cm) 2장, 생강 2쪽(20g), 감초(또는 설탕) 20g

1. 냄비에 **채소물** 재료를 넣고 중불에서 5분간 끓입니다.
2. 다시마를 건지고 채소가 물러질 때까지 5분 더 끓인 다음 채에 걸러서 채소물을 받아놓습니다.
3. 채소물에 간장, 소주, 참치액젓, 물을 넣고 팔팔 끓인 다음 식힙니다.
4. 낙지 머리를 양말처럼 뒤집은 다음 내장을 제거합니다.
5. 낙지에 밀가루를 넣고 박박 문질러 깨끗하게 헹군 다음, 유리용기에 ❸과 함께 넣고 냉장고에서 3일간 숙성합니다.

간장게장

재료 꽃게 6~7마리(1kg), 마른 고추 2개(10g),
    마늘 8~10쪽(30g)
간장물 물 700ml, 간장 500ml, 소주 200ml, 감초 20g,
    생강 1쪽(10g), 양파 1/2개(120g), 참치액젓 1큰술

1 꽃게를 칫솔로 구석구석 깨끗하게 닦습니다.
2 집게 다리를 제외한 나머지 다리의 살이 없는
   끝부분은 잘라줍니다.
3 냄비에 **간장물** 재료를 넣고 양파가 물러질 때까지
   팔팔 끓인 다음 식힙니다.
4 꽃게를 게딱지가 밑으로 가게 담은 다음 ❸의 간장물을 붓습니다.
5 ❹에 통마늘과 마른 고추를 넣어 1~2일 정도 뒀다가 먹습니다.

양념게장

재료 꽃게 6~7마리(1kg), 양파 1/2개(100g),
    쪽파 약간, 참깨 1/2큰술
양념 간장 100ml, 매실액 2큰술, 올리고당 2큰술,
    생강즙 1큰술(물 1큰술, 간 생강 꼭 짜서 1작은술),
    매운 고춧가루 5큰술, 다진 마늘 1과 1/2큰술,
    정종 1큰술, 다진 대파 1큰술, 다진 양파 1큰술

1 게딱지를 떼어 따로 게살을 모아놓고 꽃게를
   4등분합니다.
2 **양념** 재료를 분량대로 잘 섞습니다.
3 다듬은 꽃게에 양념을 넣어 버무린 다음, 모아둔 게딱지 살은
   남은 양념과 버무려 양념게장 낼 때 함께 접시에 담습니다.
4 양념한 꽃게에 양파, 쪽파를 썰어 넣고 한 번 더 버무립니다.

[요리 왕초보를 위한 초밀착 코칭 · 01]

 햇반이 필요 없는 맛있는 **밥짓기**

'밥'을 '요리'라고 부르는 사람은 없습니다. 하지만 제 생각은 좀 다릅니다. 밥은 한식 요리에 있어 가장 기본이 되는 요리입니다. 산해진미로 한 상을 푸짐하게 차려놔도 밥이 맛이 없으면 한 끼를 맛있게 잘 먹었다고 할 수 없기 때문입니다. 밥은 쌀 씻기에서부터 물 맞추기, 불 조절까지 그 어느 요리보다 세심한 주의가 필요합니다. 그래서 밥 못하는 주부는 없지만, 제대로 지을 줄 아는 사람은 별로 없습니다. 이제부터 간장 한 종지만 있어도 밥 한 그릇을 뚝딱 비울 수 있을 만큼 맛있는 밥짓기 비법을 알려드립니다.

STEP 1. 좋은 쌀 고르기

무엇보다 신선한 쌀로 밥을 지어야 밥맛이 좋습니다. 아무리 좋은 쌀이라고 해도 보관 기간이 길어지면 맛이 떨어지기 마련입니다. 그래서 쌀은 한꺼번에 많은 양을 사기보다는 한두 달 안에 다 먹을 만큼씩만 사 먹는 것이 좋습니다. 쌀을 살 때는 반드시 쌀포대에 찍힌 도정일자를 확인하세요.
도정일자와 함께 고려할 것이 도정 정도입니다. 쌀겨를 얼마나 깎느냐에 따라 5분도미(50% 깎아냄), 7분도미(70% 깎아냄), 9분도미(85% 깎아냄) 등으로 나뉩니다. 도정을 많이 할수록 밥이 하얗고 부드럽지만, 비타민 B1 등 중요한 영양성분이 그만큼 많이 깎여 나갑니다.
쌀은 투명하고 깨지지 않은 것이 좋습니다. 쌀알이 깨지면 공기에 닿는 면적이 넓어져 맛이 쉽게 변하고 씻는 과정에서 영양성분이 많이 빠져나가기 때문입니다.

STEP 2. 쌀 씻고 불리기

1 쌀은 손가락을 세워 휘휘 저으면서 물을 3번 정도 갈아서 씻어주세요. 너무 살살 씻으면 밥맛이 텁텁해지고, 지나치게 세게 씻으면 쌀의 영양분이 씻겨나가므로 적당히 씻어주는 게 중요합니다. **2** 씻은 쌀은 30분~1시간가량 찬물에 불립니다. **3** 불린 쌀은 체에 밭쳐 물기를 제거한 다음 30분 정도 그대로 둡니다. 이렇게 하면 수분이 쌀알에 고르게 퍼져 더욱 맛있는 밥을 지을 수 있습니다.

STEP 3. 밥물 맞추기 황금비율

기본 공식만 외워두면 밥물을 잘못 맞춰 진밥, 된밥을 먹는 불상사를 피할 수 있습니다. 4인분 기준으로 쌀이 400g일 때(햅쌀 기준) 냄비에 담은 물과 쌀 무게의 합이 1kg이면 좋습니다. 쌀 씻는 과정에서 쌀 무게의 10%에 달하는 물이 흡수되고, 또 불리는 과정에서 30% 내외의 물이 흡수됩니다. 하지만 불린 시간과 상관없이 밥을 지을 때 최종 무게만 일정하다면 맛있는 밥을 지을 수 있습니다. 밥에 콩 등의 잡곡을 넣을 때는 쌀과 따로 씻어서 준비해야 합니다. 잡곡은 물에 20~30분 정도 불린 뒤 사용하세요. 마른 콩은 보통 반나절(8~10시간) 정도 불리고, 풋콩은 불리지 않고 그냥 사용합니다.

밥물 공식(4인분 기준)   쌀 400g + 불리는 시간 마음대로 + 물 = 1kg

STEP 4. 실전 밥짓기 (백미 4인분, 냄비 기준)

1. 그릇에 백미 4컵(1컵=200ml)을 넣고 물을 3번 갈아가며 빠르게 씻습니다.
2. 씻은 쌀은 생수를 부어서 1시간 정도 불립니다.
3. 불린 쌀을 체에 받쳐 쌀뜨물을 뺍니다.
4. 불린 쌀과 물의 무게를 합쳐 1kg이 되게 밥물을 맞춥니다.
5. 냄비에 밥을 안친 다음, 처음에는 센불에서 끓이다가 물이 끓어오르면 냄비 뚜껑을 덮고 중불로 바꿔 15분간 더 끓입니다. 15분 후에는 약불로 줄인 다음 5분간 뜸을 들입니다.
6. 밥이 다 되면 주걱을 세워 공기가 들어가도록 살살 섞어줍니다.

STEP 5. 남은 밥을 갓 지은 밥처럼 보관하기

혼자 살거나 식구가 많지 않은 집에서는 매끼 밥을 하는 것도 번거로운 일 중 하나입니다. 전기밥솥에 밥을 오래 보관하면 시간이 조금만 지나도 윤기가 없어지고 맛과 향이 떨어집니다. 매끼 밥을 할 수 없다면 밥을 넉넉하게 해서 한 끼 분량씩 나누어 냉동해두면 편합니다.

냉동밥을 갓 지은 밥처럼 맛있게 보관하려면, 밥을 하자마자 김이 사라지기 전에 1인분씩 밀폐용기에 덜어 냉동실에 넣어둡니다. 밥이 가장 맛있는 상태 그대로 얼리는 것이지요.

밀폐용기에 얼린 밥은 먹기 전에 전자레인지에 2~3분 정도 돌리면 됩니다. 보관에서 데우기까지 원스톱으로 해결되는 밥 전용 밀폐용기도 있으니 사용해 보는 것도 좋겠네요.

▲ 밥 전용 밀폐용기

味수다

현미쌀로 밥을 짓는다면?

섬유질이 많은 현미는 백미와 비교하면 소화율이 떨어지고, 물 흡수가 더딥니다. 현미는 최소 8시간 이상 물에 불려줘야 합니다. 밥물은 백미보다 1.5배 정도로 넉넉하게 잡아주세요. 현미 불린 물을 밥물로 이용하면 밥이 더 구수해집니다.

맛 좋고 건강에 좋은 콩밥

콩밥을 지을 때 밥물에 청주를 1큰술 넣으면 콩 비린내를 줄일 수 있어요. 콩 불린 물에 영양소가 많이 녹아 있다며 밥물로 사용하는 분도 계신 데요. 삐! 삐! 삐! 콩 불린 물로 밥을 하면 밥에서 비린내가 날 수 있습니다. 밥물 양은 불린 쌀과 콩을 합친 것과 똑같이 잡거나 조금 적다 싶을 정도가 좋습니다.

[요리 왕초보를 위한 초밀착 코칭 · 02]

브런치 카페처럼
달걀 요리 예쁘게 만들기

프라이팬에 식용유 두르고 달걀을 깨트려 익히다가 소금 뿌리면 완성되는 달걀프라이는 재료부터 만드는 방법까지 아주 단순합니다. 하지만 동그란 모양에서부터 노른자 익히는 정도까지 달걀프라이만큼 요리 내공이 극명하게 드러나는 음식도 드뭅니다. 이번 시간에는 달걀 요리의 기초인 달걀프라이부터 중급 버전인 수란과 오믈렛까지 다양한 달걀 요리를 만들어보겠습니다.

STEP 1. 신선한 달걀 고르기

달걀 요리는 조미료의 도움 없이 오로지 달걀만으로 승부하는 음식이라, 유일한 재료인 달걀의 신선도가 맛을 좌우합니다. 달걀은 껍데기가 까슬까슬하고 묵직하면서 표면에 깃털이나 분비물이 묻어 있지 않은 것이 좋습니다. 또 깨뜨렸을 때 노른자가 탱글탱글하고 높이 솟아 있으며 흰자가 넓게 퍼지지 않고 한데 모이는 것이 신선한 달걀입니다. 흔들었을 때 출렁거리는 느낌이 들거나 가벼운 것은 오래된 달걀입니다.

STEP 2. 실전 달걀 요리 1 _ 달걀프라이

1 중불에서 프라이팬을 달군 다음 기름을 1작은술 두릅니다.
2 프라이팬에 달걀을 넣고 불을 약불로 맞춥니다.
3 달걀을 30초 정도 익힌 후 소금 간을 합니다.

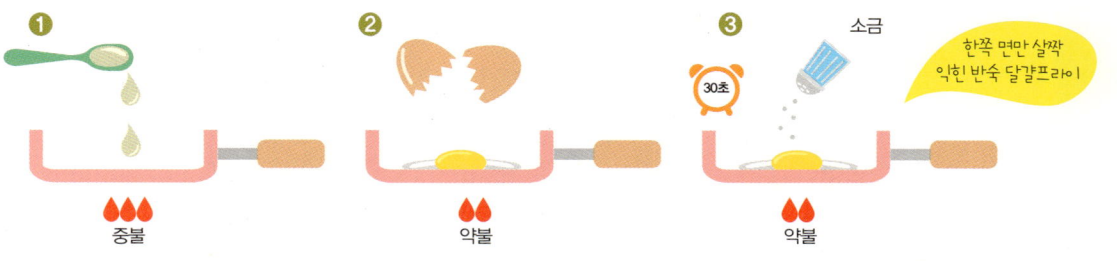

달걀 요리 예쁘게 만들기 • 343 •

4 한쪽 면만 익힌 달걀을 뒤집습니다.

5 달걀프라이 주변에 물 2큰술을 두릅니다.

6 프라이팬 뚜껑을 덮고 5분 정도 익힙니다.

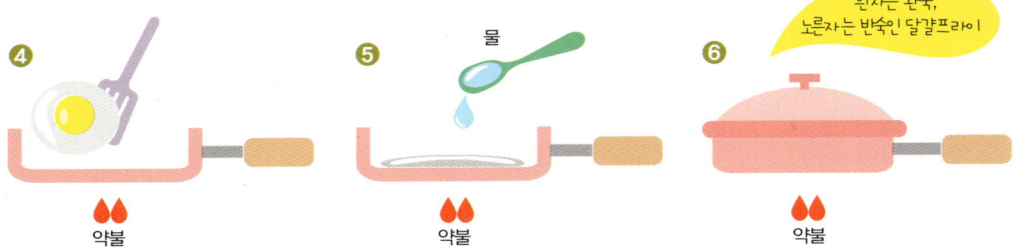

STEP 3. 실전 달걀 요리 2 _ 삶은 달걀

1 달걀을 냉장고에서 꺼낸 다음 실온에 30분 정도 둡니다.

2 물에 달걀, 소금 1작은술을 넣고 중불에서 끓입니다.

3 15분이 지나 달걀이 다 익으면 물을 따라 버립니다.

4 냄비를 좌우로 흔들어 달걀끼리 부딪쳐 껍데기에 금이 가게 합니다.

5 냄비를 싱크대로 옮긴 다음, 냄비 위로 수돗물(찬물)을 세게 틉니다.

6 분리되지 않은 껍데기를 손으로 떼어냅니다.

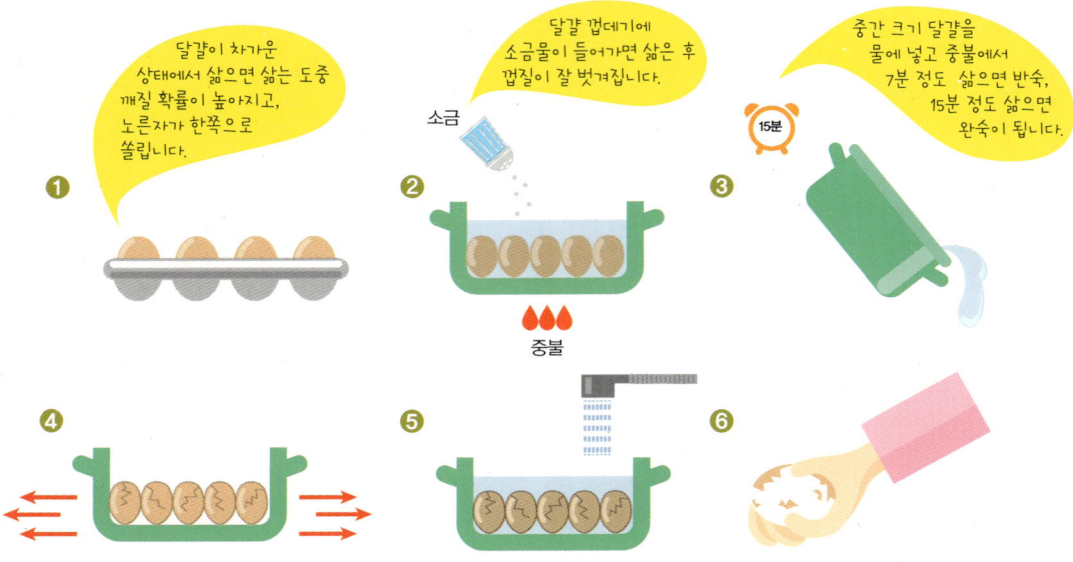

STEP 4. 실전 달걀 요리 3 _ 수란

1 냄비에 물을 반쯤 담고, 식초 1작은술과 소금 1/2작은술을 넣고 끓입니다. 2 그릇에 달걀을 깨 놓습니다. 3 물이 팔팔 끓으면 국자로 물을 세게 저어 회오리를 만듭니다. 4 물이 회오리치는 상태에서 달걀을 넣고 3분간 익힙니다. 5 달걀을 국자로 꺼내 찬물에 담갔다가 뺍니다.

STEP 5. 실전 달걀 요리 4 _ 오믈렛

1 달걀 2개(1인분)를 잘 푼 다음 잘게 썬 채소, 우유, 소금, 후추를 약간 넣고 달걀물을 만듭니다. 2 프라이팬을 달군 다음 기름을 두르고 불을 중불로 맞춥니다. 3 프라이팬에 달걀물을 붓고 젓가락으로 저어줍니다. 4 살짝 익은 달걀물의 양쪽 끝을 안쪽으로 접어주면 긴 타원형 모양의 오믈렛이 완성됩니다.

STEP 6. 실전 달걀 요리 5 _ 스크램블 에그

1 달걀 2개(1인분)를 잘 푼 다음 우유, 소금, 후추를 약간 넣고 달걀물을 만듭니다. 2 프라이팬에 버터(기호에 따라 포도씨유나 올리브유로 대체 가능) 1/2큰술을 넣고 버터가 녹아 프라이팬에 고루 퍼지면 달걀물을 붓습니다. 3 달걀물의 밑면이 살짝 익으면 젓가락으로 계속 저으면서 작은 덩어리를 만듭니다. 4 프라이팬의 불을 끄고 남은 열로 스크램블 에그를 만듭니다.

달걀물을 많이 익히면 오믈렛과 스크램블 에그가 딱딱해집니다. 달걀물을 프라이팬에 붓고 모양을 만들기까지 30초 안에 끝내야 합니다.

달걀 요리 예쁘게 만들기 • 345 •

[요리 왕초보를 위한 초밀착 코칭 · 03]

칼질 공포증을 극복하는 칼 사용법

주부들의 능숙한 칼질 모습은 경쾌하기 그지없습니다. 칼과 도마가 리드미컬하게 부딪치며 생기는 소리와 일정한 모양과 두께로 썰린 재료들이 가지런하게 쌓이는 모습은 음식에 대한 기대치를 높입니다. 하지만 칼질은 요리 초보들이 가장 어려워하는 조리 과정 중 하나입니다. 칼질이 서툴면 재료 준비하는데 시간과 에너지를 많이 허비하기 때문에 정작 요리를 시작하기도 전에 지치고 맙니다. 이번 시간에는 올바른 칼 사용법에서 재료에 맞는 칼질 방법까지 '칼질 공포증'을 싹 가시게 해줄 비법을 모두 알려드립니다.

STEP 1. 칼의 부위별 기능

칼끝부터 모서리까지 부위별로 잘 활용해서 쓰면 칼 한 자루로 조리도구 10개의 효과를 낼 수 있습니다.

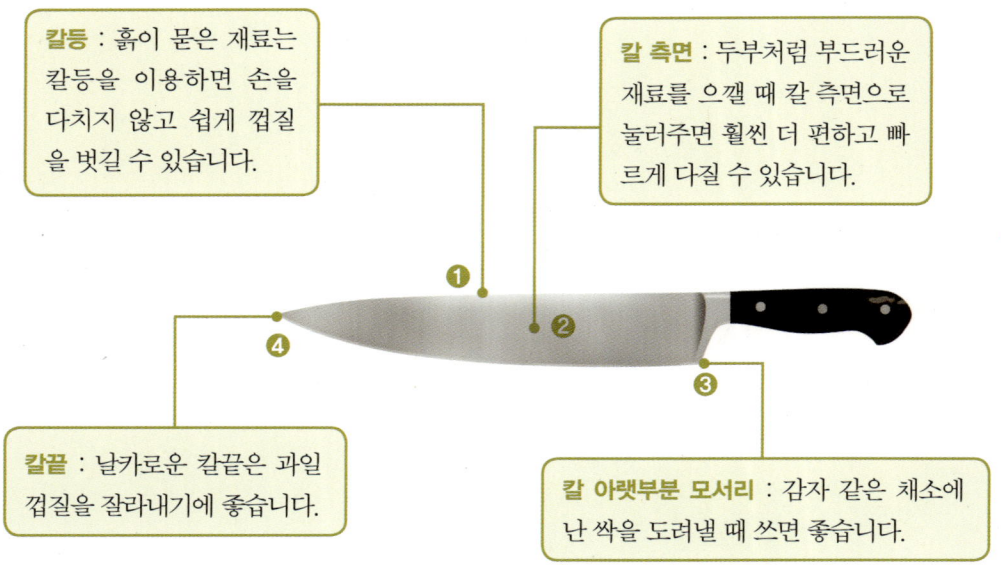

칼등 : 흙이 묻은 재료는 칼등을 이용하면 손을 다치지 않고 쉽게 껍질을 벗길 수 있습니다.

칼 측면 : 두부처럼 부드러운 재료를 으깰 때 칼 측면으로 눌러주면 훨씬 더 편하고 빠르게 다질 수 있습니다.

칼끝 : 날카로운 칼끝은 과일 껍질을 잘라내기에 좋습니다.

칼 아랫부분 모서리 : 감자 같은 채소에 난 싹을 도려낼 때 쓰면 좋습니다.

STEP 2. 칼 바르게 쥐는 법

칼을 멀리 잡으면 손목에 무리가 갑니다. 칼을 쥘 때는 엄지와 검지는 칼등을 잡고 나머지 세 손가락은 칼손잡이를 단단히 잡아야 합니다. 재료를 썰 때 칼날은 직각으로 세우고 재료를 잡은 손가락을 오므려서 썰어야 안정되게 칼질할 수 있습니다.

칼이 무디면 어깨에 힘이 많이 들어가 칼질이 더 힘듭니다. 칼은 일주일에 한 번 정도 숫돌에 한 방향으로 문질러줍니다. 숫돌이 없다면 알루미늄 포일을 뭉쳐서 칼날에 문지릅니다.

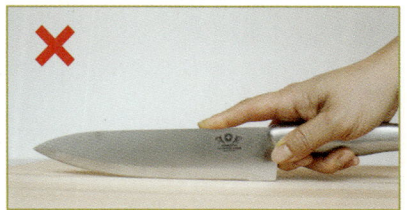
▲ 칼을 잘못 쥔 모습

▲ 칼을 바르게 쥔 모습

STEP 3. 기본 썰기

어슷썰기
대파나 고추 등을 썰 때 칼을 15도 각도로 비스듬히 들고 원하는 재료를 대각선으로 썹니다.

채썰기
잡채에 들어가는 당근이나 양파, 또는 파채를 만들 때 재료를 넓고 얇게 썬 후 다시 가늘게 썹니다.

깍둑썰기
깍두기 또는 된장찌개에 들어가는 무, 두부, 감자, 호박 등을 정육면체 모양으로 썹니다.

반달썰기
재료의 동그란 쪽을 반으로 가른 다음 썹니다.

편썰기
마늘 등을 썰 때 재료를 손으로 잡고 얇게 썹니다.

동그랗게 썰기
오이나 당근 등을 동그랗게 썹니다.

삼각 모양 썰기

조림에 넣을 재료에 알맞은 썰기입니다. 가지는 반으로 가른 다음 지그재그로 썹니다.

모양 썰기

재료의 모양이 그대로 유지되도록 가로나 세로 방향으로 편썰듯이 썹니다.

돌려 깎기

오이나 호박 등을 통으로 자른 다음 칼로 껍질을 돌려가며 깎습니다.

모서리 깎기

조림에 들어가는 재료의 모서리를 둥글게 깎으면 쉽게 부서지지 않습니다.

은행잎 썰기

무, 호박, 감자 등 둥근 모양의 재료를 4등분한 다음 원하는 두께로 썹니다.

으깨기
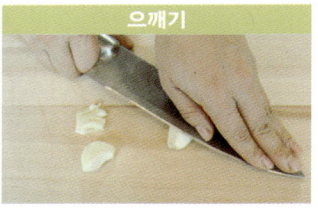
두부, 마늘 등을 으깰 때 칼의 편편한 면으로 힘을 주어 눌러 으깹니다.

STEP 4. 재료에 맞춰 썰기

묵 썰기

묵은 일반 칼보다는 묵 전용 물결무늬 칼로 자르면 예쁘게 썰 수 있습니다.

연근, 우엉 썰기

연근, 우엉, 마 등은 칼보다 필러를 이용하면 껍질을 얇게 벗길 수 있습니다.

고추씨 빼기

고추나 피망 등 씨가 있는 재료는 반으로 가른 다음 속의 씨를 긁어냅니다.

피망 썰기

| 채 썰기 | 피망을 반으로 가르고 꼭지 부분을 도려낸 후 채 썹니다.
| 모양 썰기 | 피망을 세운 후 꼭지 주변을 도려낸 후 모양대로 썹니다.

오징어 썰기 1

| 오징어 말리지 않게 썰기 | 오징어를 세로로 한 번 가르고 가로로 길게 썰면 오징어가 익어도 돌돌 말리지 않습니다.

오징어 썰기 2

| 오징어 말리게 썰기 | 오징어를 가로로 2번 가르고 세로로 길게 썰면 오징어가 익었을 때 동그랗게 말립니다.

[요리 왕초보를 위한 초밀착 코칭 · 04]

요리 시간을 반으로 줄이는
재료 손질법

신선한 바지락을 듬뿍 넣고 직접 밀가루를 반죽해서 면발을 준비해 해물 칼국수를 끓였습니다. 그런데 바지락이 해감이 덜 되어서 모래가 계속 씹힌다면, 신선한 재료를 준비한 보람도 힘들게 요리한 노고도 묻히기 마련입니다. 재료 손질은 음식의 맛을 좌우할 정도로 중요합니다. 또 요리하는 데 시간이 가장 오래 걸리는 과정은 뜻밖에 재료 손질입니다. 재료 손질만 제대로 해놓으면 요리가 반은 끝난 것과 다름없습니다.

STEP 1. 채소 손질법

양파

양파는 뿌리와 갈색 껍질을 제거한 후 사용합니다. 갈색 껍질 중 가장 안쪽 껍질은 말렸다가 육수에 넣어보세요. 육수의 감칠맛을 높여줍니다.

마늘 껍질 까기

통마늘은 뿌리를 잘라낸 다음, 한쪽씩 떼어 밀폐용기에 담습니다. 밀폐용기 뚜껑을 닫고 칵테일을 만들 듯이 열심히 흔들면 마늘 껍질이 말끔히 벗겨집니다.

생강 껍질 까기

올록볼록 굴곡이 많은 생강은 껍질 벗기기 어려운 채소 중 하나입니다. 생강을 얼렸다가 물에 넣고 손으로 비비면 껍질이 쉽게 벗겨집니다.

상추

상추는 베이킹소다를 녹인 물에 담갔다가 흐르는 물에 3번 헹굽니다. 씻은 상추는 차곡차곡 쌓아 세워두면 물기가 잘 빠집니다.

배추

배추는 잎마다 쓰임새가 다릅니다. 파란 겉잎은 된장국용으로, 중간 잎은 겉절이용으로, 보드라운 속잎은 쌈이나 나물용으로 활용합니다.

대파

대파는 줄기 틈에 묻어 있는 흙을 잘 닦아냅니다. 대파는 송송 썬 다음 지퍼백에 넣어 냉동 보관하면 오랫동안 먹을 수 있습니다.

재료 손질법 • 349 •

| 브로콜리 | 단호박 | 감자 |

브로콜리는 베이킹소다를 녹인 물에 10분간 담가 틈에 낀 먼지와 농약을 제거합니다. 씻은 브로콜리는 줄기를 잘라 먹기 좋은 크기로 썹니다.

단호박은 전자레인지에 10분 정도 돌려 껍질을 부드럽게 만든 다음 반을 가릅니다. 숟가락으로 씨를 파낸 후 필요한 만큼 조각냅니다.

감자의 푸른 싹에는 독이 있으니 꼭 도려내고 요리합니다. 감자는 껍질을 벗기면 금세 색이 변하기 때문에 물에 담갔다가 요리할 때 건집니다.

STEP 2. 해물 손질법

| 오징어 | 새우 | 꽃게 |

오징어는 배를 가르고 몸통과 다리를 분리한 다음 내장을 떼어냅니다. 키친타월로 껍질을 문질러 벗긴 다음, 몸통에 붙어 있는 하얀 실선과 눈, 입을 제거합니다.

새우는 머리를 뜯어내고 등의 2~3번째 마디에 이쑤시개를 넣어 내장을 제거합니다. 껍질을 벗긴 후 꼬리 가운데 뾰족하게 돌출된 물총을 가위로 잘라냅니다.

게를 솔로 구석구석 닦아줍니다. 등딱지와 모래주머니를 떼어내고 배에 있는 아가미를 제거합니다. 아가미 주위를 솔로 깨끗하게 닦아준 후 눈과 입을 제거합니다.

| 고등어 | 조기 | 조개 |

고등어는 머리를 잘라낸 다음 조림용은 4등분하고 구이용은 반을 가릅니다. 내장을 떼어낸 다음 물에 씻어 핏기를 제거합니다. 쌀뜨물에 30분 동안 담가두면 비린내가 줄어듭니다.

조기는 가위로 지느러미를 자르고, 칼등을 세워 꼬리에서 머리 방향으로 문질러 비늘을 벗깁니다. 칼 대신 자투리 무로 조기를 문지르면 비늘이 튀지 않고 말끔히 제거됩니다.

조개는 소금물에 하루 정도 담가 해감합니다. 이때 검은 비닐을 씌워두면 해감 시간을 줄일 수 있습니다. 해감한 조개는 솔로 껍데기를 문질러 불순물을 제거합니다.

홍합

홍합은 솔로 껍데기를 하나하나씩 문질러 닦아줍니다. 홍합에 붙어 있는 수염은 손으로 잡아당기거나 가위로 끊어주세요.

낙지

낙지는 머리를 뒤집어 내장을 제거합니다. 눈과 입을 제거한 다음 밀가루 5큰술을 넣고 빨래하듯 박박 주물러 물에 헹굽니다.

STEP 3. 고기 손질법

돼지고기 - 구이용

삼겹살과 목살은 덩어리째 보관하면 해동하기도 불편하고 맛도 떨어집니다. 한 끼 먹을 분량으로 잘라 냉동 보관합니다.

돼지고기 - 갈비용

돼지갈비는 찬물에 1시간 정도 담가 핏물을 빼준 다음, 끓는 물에 한 번 데쳐 기름기를 빼고 요리합니다. 갈비에 세로로 칼집을 내주면 양념도 잘 스며들고 먹을 때 살코기와 뼈가 잘 분리되어서 편하게 먹을 수 있습니다.

소고기 - 국거리용

국거리용(양지, 우둔, 사태)은 한 끼 분량으로 잘라 냉동 보관합니다. 고기는 살짝 얼렸다가 썰면 쉽게 썰립니다.

소고기 - 불고기용

불고기용(설도, 사태, 우둔) 고기는 한입 크기로 썬 다음, 키친타월로 눌러 핏물(누린내의 원인)을 제거합니다.

소고기 - 갈비용

갈비용(LA갈비, 소갈비) 고기는 30분~1시간 정도 찬물에 담가 핏물을 뺀 후, 기름 부위를 제거하고 요리합니다.

닭고기 - 조림용

조림용 닭고기는 토막 낸 다음, 포크로 닭 표면을 찔러줍니다. 이렇게 하면 양념이 고기 속까지 잘 스며듭니다.

닭고기 - 갈비용

고기를 우유에 담가 누린내를 제거한 후 양념합니다. 구이나 샐러드에 넣는 닭도 같은 방법으로 냄새를 제거합니다.

닭고기 - 삼계탕용

삼계탕이나 백숙용 닭고기는 꽁지를 잘라냅니다. 꽁지는 기름기가 많고 누린내의 주범이므로 꼭 떼어냅니다.

[요리 왕초보를 위한 초밀착 코칭 · 05]

유통기한 늘리는
음식 재료 보관법

TV를 보다가 박장대소한 적이 있습니다. 토크쇼에서 나온 어떤 게스트가 한 다음의 이야기 때문이지요. "우리 집 냉동실은 함부로 열어서는 안 돼요. 무심코 냉동실 문을 열었다가는 검은 비닐에 쌓인 정체 모를 식재료의 공격에 발등을 찧는 불상사가 생길 수 있거든요." 많은 주부가 공감했을 이야기입니다. 음식 재료를 잘 보관하면 돈도 절약하고 건강도 챙길 수 있지만, 자칫 방심하면 돈과 건강을 모두 잃을 수 있습니다. 이번 시간에는 음식 재료 보관 기본 규칙부터, 재료에 맞는 보관 방법을 알아보겠습니다.

STEP 1. 냉장고 똑똑하게 사용하는 방법 7

[방법 1] 투명용기 사용하기

아무리 정리를 잘해도 어디에 무엇이 있는지 모르면 아까운 음식을 그냥 버리게 되는 경우가 많습니다.
안이 보이는 투명한 용기에 음식을 담아야 어떤 재료가 얼마큼 있는지 쉽게 파악할 수 있습니다.

[방법 2] 냉장고 안에 음식물은 70% 정도만 채운다

냉장고가 가득 차면 찬 공기가 순환하지 못해 냉장·냉동 기능이 떨어집니다.

[방법 3] 남은 음식은 1회분씩 나눠서 진공포장이나 지퍼백으로 밀봉한다.

음식을 해동했다가 다시 보관하면 세균에 노출될 위험도 커지고, 맛도 떨어집니다.
또 해동하는 시간도 오래 걸리지요. 음식은 1회 섭취할 분량만큼 나눠 지퍼백에 내용물을 넣고 아랫부분에서 위로 밀어 공기를 뺀 후 재료와 공기가 접촉하지 않도록 한 후 냉동 보관합니다.

식품	냉장 보관 기간	냉동 보관 기간
쇠고기	2~3일	6개월
돼지고기	3~4일	4~6개월
닭고기	1~2일	1~2개월
어묵	5~6일	
햄, 소시지	3~4일	
흰살생선	2~3일	6개월
등푸른생선		3개월
조개류	1~2일	
밥	1일	
식빵	20일	
시금치	2일	
토마토	4~5일	
양배추	7~10일	
딸기	2일	
복숭아	3~4일	
달걀	1주일	
치즈, 버터	2주~1개월	3개월
카레, 국물, 면류		1개월

[방법 4] 용기에 보관날짜 기록하기

사용하다 남은 재료나 음식을 냉장고에 넣으면 안전한 것으로 생각하는 주부들이 많습니다. 하지만 냉장고를 과신하는 것은 절대 금물입니다. 냉장·냉동 식품에도 유통기한이 있습니다. 음식을 냉장고에 보관할 때는 구입 일자나 보관 시작 일자를 적습니다.

◀ 음식을 밀폐용기나 지퍼백에 옮겨 냉장고에 보관할 때는 구입일이나 보관 시작 일자를 적어 놓아야 유통기한을 알 수 있다.

[방법 6] 과일은 개별 포장하기

과일은 개별 포장해서 보관해야 냉장고 냄새가 스며들지 않고 맛을 오랫동안 유지할 수 있습니다. 또 과일이나 채소는 씻지 말고 그대로 보관해야 싱싱함이 오래 유지됩니다.

[방법 7] 채소는 세워서 보관하기

채소를 눕혀서 보관하면 쉽게 무를 수 있습니다. 특히 배추, 상추, 시금치 같은 채소는 세워놓으면 더 오래 보관할 수 있습니다.

STEP 2. 식품별 냉장고 보관법

돼지고기·소고기 1회 섭취량만큼 나누어 지퍼백에 넣어 공기를 완전히 제거한 다음 보관합니다. 사왔던 스티로폼 백 그대로 보관하면 스티로폼의 단열효과로 냉동 시간이 길어집니다.

닭고기 냉동 시 소금을 뿌린 다음 술을 조금 붓고 밀폐용기나 지퍼백에 넣어 보관합니다. 냉장할 경우에는 고기 표면이 마르지 않게 랩을 씌워 보관합니다.

생선 내장을 제거한 생선은 배 안쪽을 물로 잘 씻어준 다음 소금 간을 하고 지퍼백에 넣어 냉동 보관합니다.

해물류 해감한 조개는 바락바락 비벼 깨끗하게 씻은 다음 물로 헹구고, 오징어는 손질해서 용도에 맞게 썰어 지퍼백에 넣어 냉동 보관합니다.

고춧가루 고춧가루는 상온에서 보관하면 색이 검게 변하고 곰팡이가 생길 수 있습니다. 비닐봉지나 밀폐용기에 담아 냉장 보관합니다.

두부 끓는 물에 살짝 데친 다음 물에 담그거나 옅은 소금물에 담가 냉장 보관합니다. 물은 매일 갈아주고, 두부가 미끄러워지면 먹지 않습니다.

달걀 달걀은 뾰족한 부분이 아래로 가게 해서 냉장 보관합니다. 금방 먹을 달걀은 냉장고 문쪽에 보관해도 되지만, 장기간 보관할 때는 밀폐용기에 담아 냉장고 하단 깊숙한 곳에 보관합니다.

식빵 남은 식빵은 지퍼백에 담아 냉동 보관하고 먹기 30분 전에 꺼내 실온에서 해동합니다. 냉동된 빵을 믹서기에 갈아 빵가루로 만들어 두면 돈가스나 튀김 만들 때 유용합니다.

떡 떡은 냉장실에 보관하면 딱딱하게 굳습니다. 장기간 보관할 때는 떡이 말랑말랑한 상태에서 지퍼백에 넣어 냉동 보관하고, 먹기 2~3시간 전에 꺼내 실온에서 해동합니다.

자투리 채소 당근, 마늘종, 브로콜리, 버섯 등 채소가 애매하게 남았을 때는 잘게 썰어 냉동실에 얼려뒀다가 볶음밥이나 죽 재료로 활용하면 좋습니다.

채소 오이, 애호박, 당근, 무 등 요리하고 남은 채소는 표면이 마르지 않도록 랩으로 감싼 다음 냉장 보관합니다. 감자는 냉장고에 보관하면 유해물질이 증가하니, 바람이 잘 통하는 서늘한 곳에 보관합니다.

다진 마늘 지퍼백에 다진 마늘을 넣고 얇게 펴서 젓가락으로 금을 그어 얼린 다음, 필요할 때마다 꺼내 똑똑 끊어서 사용하면 편합니다. 냉동실에 보관한 마늘은 향이 약해지니 나물보다는 국이나 찌개에 사용합니다.

[요리 왕초보를 위한 초밀착 코칭 · 06]

면 요리가 만만해지는 면 삶기

남편이 "오늘 점심에는 간단하게 비빔국수나 해먹을까?"라고 말하면, 주부들은 속으로 '먹는 당신이나 간단하지요'라고 중얼거린다고 합니다. 면 요리는 주부 구력에 따라 정말 간단한 요리가 되기도 하고 복잡한 요리가 되기도 합니다. 이번 시간에는 면 요리가 만만해지는 면 삶는 법, 분량 조절하는 법, 육수 만드는 법 등을 알아보겠습니다.

STEP 1. 면 분량 조절하기

면은 보통 100g이 1인분입니다. 집에 계량기가 없다면 두 가지 방법으로 분량을 맞춰보세요. 엄지와 검지로 오른쪽 사진처럼 동그라미를 만들었을 때 그 안에 꽉 차게 들어가는 정도가 1인분입니다. 또는 면을 모아 쥐었을 때 500원짜리 동전 크기(폭 2.5cm)만큼이 1인분입니다.

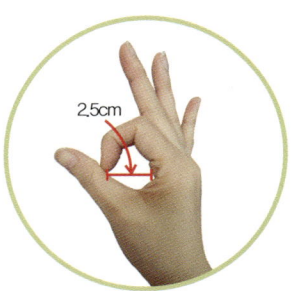

▲ 엄지와 검지로 동그라미를 만들었을 때 그 안에 꽉 차는 정도가 1인분(100g)이다.

STEP 2. 면 요리의 감칠맛을 더하는 육수 내는 법

'국물 요리의 기본은 육수'라는 공식은 면 요리도 예외가 아닙니다. 그 어떤 조미료를 넣어도 육수의 깊은 맛은 흉내 낼 수 없기 때문이지요. 구수하고 시원한 감칠맛이 일품인 기본 육수 내는 법을 알려드리겠습니다.

| 재료(4인분 기준) |

물 3L, 국물용 멸치 1/2줌(100g), 다시마(5×5cm) 5장, 북어 대가리 1개, 건새우 1/4줌(50g), 무 400g, 양파 1/2개, 대파 1/2대

1 내장을 제거한 국물용 멸치와 건새우를 냄비에 살짝 볶아 비린내를 제거합니다.
2 냄비에 물과 나머지 육수 재료를 모두 넣고 센불로 10분간 끓입니다.
3 육수가 끓으면 다시마를 건지고, 중불에서 10분간 더 끓이며 거품을 걷어냅니다.
4 육수가 다 끓으면 건더기를 걸러 내고, 국간장으로 간을 합니다.
　김치 등의 고명이나 양념장을 곁들일 거라면 육수는 심겁게 간합니다.

STEP 3. 쫄깃하고 탱글탱글한 면 삶는 법

면 요리의 가장 중요한 시작은 '면 삶기'입니다. 소면부터 파스타까지 쫄깃하고 탱탱한 면 삶는 방법에 대해 알아보겠습니다.

| 소면 |

1 큰 냄비에 물과 소금 1/2작은술을 넣고 물을 끓입니다.
　물의 양은 국수의 5배 이상이 되어야 합니다.
2 물이 끓으면 소면을 부채 모양으로 펴서 넣습니다.
　그래야 면끼리 붙는 것을 방지할 수 있습니다.
3 물이 끓어오르면 찬물을 1컵 부어 끓입니다. 이 과정을 2~3회 반복합니다.
4 삶아진 소면은 찬물에서 바락바락 문질러 여러 번 헹굽니다.
　거품이 나지 않을 때까지 헹궈야 면이 붇지 않고 탱탱합니다.
5 헹군 면은 채반에 1인분씩 말아 올린 다음 물기를 뺍니다.

소면

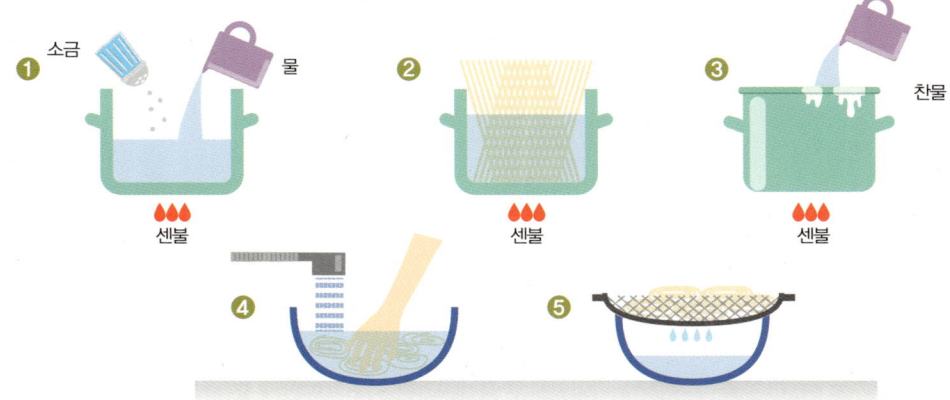

생메밀면

| 생메밀면 |

1 끓는 물에 생메밀면을 살살 털면서 넣고 젓가락으로 저어줍니다. **2** 면을 3분 30초가량 삶습니다. **3** 삶아진 면은 맑은 물이 나올 때까지 찬물에서 헹굽니다.

쫄면

| 쫄면 |

1 삶기 전에 비벼서 면을 떼어놓습니다. **2** 끓는 물에 쫄면을 넣고 젓가락으로 저어가며 3분 30초~4분 정도 삶습니다. 쫄면은 약간 덜 익은 듯할 때 건져서 찬물에 헹궈야 쫄깃합니다. **3** 삶아진 면은 맑은 물이 나올 때까지 찬물에서 헹굽니다.

냉면

| 냉면 |

1 끓는 물에 면을 가닥가닥 풀어 넣어 준 다음 40초 정도 삶습니다. **2** 체에 밭쳐 물기를 뺀 후 찬물을 가득 채운 그릇 위에 올려 비벼줍니다. 면이 끈적이지 않을 때까지 찬물을 갈며 헹굼을 반복합니다. **3** 물에 얼음을 넣고 면을 한 번 더 헹구면 면이 탱글탱글해집니다.

당면

| 당면 |

1 끓는 물에 식용유 1작은술과 당면을 넣고 6~7분 정도 삶았다가 체로 건집니다. **2** 프라이팬을 달군 다음 물기 뺀 당면과 참기름을 넣고 살짝 볶아줍니다.

파스타면

| 파스타면 |

1 면 양의 6~7배 정도의 물과 소금, 올리브유를 1작은술씩 넣고 끓입니다. **2** 물이 끓어오르면 면을 넣은 다음 물이 다시 끓어오르면 중불로 줄이고 7~8분 정도 삶습니다. **3** 삶아진 면은 체에 밭쳐 물기를 뺍니다. 파스타면은 찬물에 헹굴 필요가 없습니다.

[요리 왕초보를 위한 초밀착 코칭 · 07]

요리하다 마트로 달려가지 않으려면 갖춰야 할
필수 양념

요리를 처음 시작한 사람이라면 어떤 양념부터 사야 할지 막막합니다. 요리 초보라면 멋모르고 1년에 한 번 쓸까 말까 한 양념을 샀다가 유통기한 내에 다 쓰지 못하고 버리거나, 요리하다 말고 빠진 양념 사러 마트로 달려가는 일이 다반사입니다. 이번 시간에는 한식과 간단한 양식을 만드는 데 꼭 필요한 필수 양념을 소개합니다. 주방에 이 정도 양념만 갖춰두면 천군만마를 얻은 것과 다름없습니다. 19년 차 주부 구력으로 양념의 재료와 맛, 가격까지 꼼꼼하게 따져 선별했습니다. 이 책에 수록된 요리들도 모두 이 양념들로 만들었습니다.

STEP 1. 장류 · 젓갈류

❶ **100년 전통 문옥례 된장** 국산 재료를 사용해 전통 방식으로 제조해서 가격은 비싼 편이지만, 시판 된장 중에서는 직접 담근 된장과 맛이 비슷합니다.

❷ **해찬들 우리쌀로 만든 태양초 골드 고추장** 고춧가루 함량이 높고 국산 쌀과 천일염으로 만들어 맛이 깔끔한 편입니다.

❸ **토움 국간장** 국산 콩으로 만든 국간장으로 풍미가 깊습니다.

❹ **한살림 조선간장** 보존료와 색소, 감미료가 들어 있지 않습니다. 다른 국간장보다 짠맛이 덜한 편입니다.

❺ **청정원 자연 숙성 양조간장** 단맛이 강해서 요리할 때 설탕을 조금만 써도 됩니다. 무침이나 조림 요리에 쓰면 좋습니다.

❻ **주부천하 한라참치액** 가다랑어포를 주원료로 한 액상 소스로, 국이나 찌개에 조금씩 첨가하면 감칠맛을 냅니다. 다른 참치액젓에 비해 식품첨가물이 비교적 적은 편입니다.

❼ **청정원 남해안 멸치액젓** 국산 멸치를 자연 숙성해 만들었으며, 멸

치액젓 특유의 비린내가 강하지 않아 요리에 넣었을 때 깔끔합니다. 액젓은 겉절이나 해산물 요리, 장아찌에 넣으면 깊은 맛을 내주니 김치를 담가 먹지 않아도 한 가지 종류는 갖추도록 합니다.

❽ **청정원 서해안 까나리액젓** 멸치액젓보다는 비린 맛이 덜해 김치나 나물, 달걀찜 등을 만들 때 간장이나 소금 대신 사용하면 감칠맛을 낼 수 있습니다.

味 수다

간장 고를 때 꼭 기억해야 할 것 두 가지

가족 건강을 생각해서 양념을 하나 고르더라도 제품 뒷면의 표시사항을 꼼꼼히 살피는 주부들이 많아졌습니다. 간장을 고를 때는 가격과 맛보다 먼저 따져봐야 할 것이 두 가지 있습니다.

산분해간장이 적게 들어간 간장을 고른다!

간장에는 크게 3가지 종류가 있습니다. 메주와 소금물만으로 만드는 전통간장(조선간장)과 대두, 밀 등에 발효미생물을 배양해 발효시킨 양조간장, 탈지 대두를 염산으로 분해해 만드는 산분해간장 이렇게 3가지입니다. 간장을 숙성시키는데 전통간장은 최소 1년이 걸리지만, 양조간장은 6개월 정도 걸립니다. 숙성하지 않는 산분해간장은 만드는 데 이틀밖에 걸리지 않습니다.

산분해간장은 대두를 염산으로 화학 분해하는 과정에서 신장 기능과 생식능력을 떨어뜨리는 '3-MCPD'라는 유해물질이 생성됩니다. 될 수 있으면 산분해간장을 먹지 말아야겠지요. 하지만 제품 앞면에 산분해간장이라고 표시된 제품은 찾아보기 어렵습니다. 시중에 유통되는 간장은 양조간장에 산분해간장을 섞은 혼합간장이기 때문이지요.

간장을 고를 때는 제일 먼저 제품 뒷면 라벨에서 '식의품 유형'이 양조간장인지 혼합간장인지 살펴야 합니다. 혼합간장이라면 양조간장과 산분해간장의 비율을 따져봐야 합니다.

질소 함량(TN)이 높은 간장을 고른다!

질소는 단백질의 한 구성성분으로, 질소 함량(TN)이 높을수록 단백질 함량이 높아 간장맛이 좋습니다.

STEP 2. 소금·당류

❶ **국산 유기농 함초로 만든 함초소금** 일반 소금보다 나트륨 함량이 적고 '바다의 산삼'이라 불리는 함초가 들어 있어 감칠맛이 납니다. 일반 소금보다 짠맛이 약하니 간할 때 맛을 보고 조절하세요.

❷ **신안섬 보배 천일염** 갯벌에서 생성된 소금으로 미네랄이 많이 함유되어 있고, 간수가 잘 빠져 소금에서 단맛이 납니다. 채소를 절이거나 김치를 담글 때, 조개류를 해감하거나 생선을 절일 때는 굵은 소금이 필요하니 가는 소금 하나, 굵은 소금(천일염) 하나 꼭 장만하세요.

❸ **청정원 유기농 설탕** 단맛이 강해서 매실이나 복분자 등 효소를 담글 때 사용하면 좋습니다.

❹ **오가닉 블루 아가베** 설탕이나 꿀 대신 단맛을 낼 때 사용합니다. 과일 주스나 계장 등에 넣거나 빵과 함께 내어도 좋습니다.

❺ **백설 프락토 올리고당** 요리에 단맛과 윤기를 더해주며 물엿이나 설탕보다 칼로리가 낮습니다.

❻ **백설 화인 스위트** 칼로리는 설탕보다 낮으면서 당도는 5배나 높아 설탕 대용으로 사용하기 좋습니다.

STEP 3. 오일류

❶ **한살림 참기름** 국산 참깨로 만들어 고소하나 다소 비싼 게 흠입니다.

❷ **오뚜기 옛날 참기름** 수입산 참깨로 만들어 가격이 저렴하지만, 가격 대비 맛이 고소합니다.

❸ **한살림 생들기름** 국산 들깨로 만들어 고소하나 다소 비싼 게 흠입니다.

❹ **오뚜기 향긋한 들기름** 수입산 들깨로 만들어 가격이 저렴합니다. 들기름은 쉽게 산화하기 때문에 최근 제조된 것으로 골라 적은 양을 구입해야 향긋하고 신선한 맛을 즐길 수 있습니다.

❺ **해표 옥수수 식용유** 용량 대비 가격이 저렴하고 콩기름보다 고소

해서 튀김처럼 기름이 많이 필요한 요리를 할 때 좋습니다.

❻ **오타비오 포도씨유** 발연점이 식용유보다 높아 고온에서 조리해도 쉽게 타지 않으므로 튀김, 구이, 부침 등에 고루 사용합니다. 또 느끼한 맛이 덜해서 샐러드 드레싱용으로도 좋습니다.

❼ **커클랜드 엑스트라 버진 올리브유** 그해 수확한 올리브를 화학 처리를 하지 않고 짜낸 오일로 가격이 다소 비싸지만, 풍미가 좋아 샐러드 드레싱용으로 좋습니다.

STEP 4. 소스류

❶ **하인즈 케첩** 맛이 순하고 토마토 향이 짙습니다. 감자튀김이나 햄버거 등에 잘 어울립니다.

❷ **오뚜기 토마토 케첩** 하인즈 케첩보다는 달짝지근해서 한국인의 입맛에 잘 맞고 가격도 저렴한 편입니다. 오므라이스와 미트볼 등과 잘 어울립니다.

❸ **오뚜기 골드 마요네즈** 고소한 맛이 진하고 값이 저렴하며, 어디서나 쉽게 구할 수 있습니다.

❹ **오뚜기 1/2 하프 마요** 일반 마요네즈에서 칼로리를 반으로 줄여 맛이 깔끔하고 상큼하지만, 고소한 풍미는 떨어집니다.

❺ **이금기 팬더 굴소스** 굴을 소금에 넣어 발효시켜 만든 중국식 소스로 볶음, 조림, 볶음밥 등 각종 요리에 간장 대신 두루 사용합니다. 하지만 시중에 판매하는 굴소스는 대체로 MSG를 많이 함유하고 있어 많이 넣으면 느끼한 맛이 납니다.

❻ **디종 머스터드** 씨겨자가 들어 있어 식감이 좋고 맛이 개운해서 고기 요리나 샌드위치에 사용하면 풍미가 좋습니다.

❼ **프렌치스 클래식 허니 머스터드** 매콤하면서 달짝지근해서 햄버거, 소시지와 잘 어울립니다.

❽ **오뚜기 프레스코 토마토소스** 집에서 간단하게 파스타나 피자를 만들어 먹고 싶을 때 이용하면 좋습니다.

❾ **커클랜드 바질페스토** 피자, 파스타, 샌드위치 등에 넣으면 고급스러운 풍미가 납니다.
❿ **타바스코 페퍼 소스** 고추를 원료로 한 소스로 매콤하고 약간 신맛이 나서 피자, 소시지, 바비큐, 튀김 등과 잘 어울립니다.

STEP 5. 기타 양념류

❶ **태양초 국산 고춧가루** 국산 고추로 만들어 매콤하고 끝맛에서 단맛이 납니다.
❷ **하인즈 식초** 가격 대비 용량이 커서 피클 담글 때 좋습니다.
❸ **청정원 2배 양조식초** 일반 식초보다 새콤한 맛이 강해서, 초무침에 사용하면 음식이 질척거리지 않으면서도 새콤하게 만들 수 있습니다.
❹ **레이지 레몬즙** 레몬즙 100%로, 식초만으로 부족한 새콤한 맛을 낼 때 레몬즙을 짜내는 불편 없이 사용할 수 있습니다.
❺ **커클랜드 발사믹식초** 포도향이 진한 식초로 주로 드레싱이나 소스 만들 때 사용합니다.
❻ **청정원 모데나풍 발사믹식초** 신맛이 강하지 않아서 한국인 입맛에 잘 맞습니다.
❼ **롯데 미림** 고기와 생선 요리에 사용하면 잡냄새를 제거할 수 있습니다. 다양한 용량의 제품이 나와 있어 활용도가 좋습니다.
❽ **올 내추럴 블랙 페퍼** 후추는 오래 먹다 보면 특유의 향이 날아가는데, 이 제품은 소량으로 나오기 때문에 끝까지 신선한 후추를 먹을 수 있습니다.
❾ **올 내추럴 바질** 파스타, 피자, 샐러드 위에 뿌리면 향도 좋아지고 고급스러움을 더할 수 있습니다.
❿ **국산 감자로 만든 감자 전분** 국산 감자로 만들어 믿을 만한 제품입니다. 튀김, 소스, 쨈 등에 두루 사용 가능합니다.

[요리 왕초보를 위한 초밀착 코칭 · 08]

요리가 쉬워지는
똑똑한 조리도구

주부가 되니 조리도구 하나도 허투루 고르지 않고 깐깐하게 따져보게 되는 것 같습니다. 언젠간 필요하겠지, 하는 마음으로 조리도구를 이것저것 사뒀다가 어디에 보관했는지조차 잊어버리고 지내는 주부님들이 많을 거예요. 조리도구를 쓰임새별로 정리해봤습니다. 추천할 만한 제품은 제품명과 추천 이유를 적어놨으니 참조하세요.

❶ **칼** 웬만한 가정집에서는 가장 기본적인 식칼, 작은 크기의 과도, 칼날이 톱처럼 생긴 빵칼 이 세 가지만 갖추면 요리하는 데 문제가 없습니다. 칼날은 잘 녹슬지 않는 스테인리스 재질로, 손잡이 끝 부분까지 칼날이 연결된 제품이 좋습니다. 나무 손잡이는 음식물을 잘 흡수하므로 피하는 게 좋습니다.

❷ **3M 분리형 주방 가위** 분리형이라 세척이 쉽고 절삭력도 좋습니다. 용도별로 두세 개 정도 사두면 편리합니다.

❸ **오리지널 보너 V 채칼** 재료를 여러 두께로 채썰기 좋으며 보관통도 있어서 채 썬 채소를 보관하기 좋습니다. 칼날이 예리하기 때문에 반드시 목장갑을 끼고 채소를 단단히 잡고 사용합니다.

❹ **필러** 칼질이 서툰 주부라면 꼭 갖춰야 할 요리 도구 중 하나입니다. 비트나 양파를 채 써는 대신 필러로 깎으면 샐러드 만들 때 편리합니다.

❺ **테팔 믹서기** 다용도로 사용 가능한 믹서기는 양파, 마늘, 배, 간장, 설탕 등을 한데 넣고 갈아 불고기 양념을 만들거나, 마늘, 양파, 고추 등을 넣고 갈아 김치 양념을 만들 때 유용합니다.

❶ **조셉조셉 인덱스 다용도 도마** 실리콘 재질이라 칼질할 때 음식물이 밀리지 않고, 육류, 어류, 채소류 등 식재료에 따라 도마를 색으로 구분해 사용할 수 있습니다. 도마 보관통 아래가 뚫려 있어 통풍과 건조가 쉽고 끓는 물에 삶아도 변형이 없어 도마를 위생적으로 관리할 수 있습니다.

❷ **테팔 뉴 매직 핸즈 아마탈 스타터 3종 세트** 볶음팬, 프라이팬, 냄비팬 세 종류가 들어 있어 용도별로 사용하기 편리합니다. 스테인리스 프라이팬보다 빠르게 가열되 요리 시간을 줄일 수 있고, 음식이 잘 눌어붙지 않아서 관리가 쉽습니다. 단 코팅이 벗겨지면 유해 물질이 나오니 오래 쓰기보다는 1년 주기로 교체하는 것이 좋습니다.

❸ **ELO 스테인리스 냄비** 냄비 안에 눈금 표시가 있어 물 양을 재기 편리합니다. 뚜껑이 유리라 음식이 조리되는 과정을 눈으로 확인할 수 있고, 인덕션을 포함한 모든 열기구에 사용할 수 있습니다. 스테인리스 냄비에 무지갯빛 얼룩이 생기면 냄비 가득 물을 붓고 식초나 베이킹소다를 넣고 끓여주면 얼룩이 사라집니다.

❹ **비젼 냄비** 냄비 몸체에서 뚜껑까지 투명해서 음식이 조리되는 과정을 눈으로 확인할 수 있습니다. 열전도율이 낮아 음식이 천천히 식는 장점도 있습니다. 하지만 냄비에 음식물이 눌어붙으면 잘 지워지지 않고 유리라 깨질 수 있다는 게 단점입니다.

❺ **풍년 압력솥** 요즘에는 전기밥솥 기능이 워낙 좋아서 전기밥솥으로 밥을 지어도 맛있지만, 차진 밥을 먹고 싶을 때는 압력솥 만한 게 없습니다. 또 수육, 갈비찜, 삼계탕처럼 고기를 덩어리째 요리할 때 압력솥을 이용하면 짧은 시간에 고기 속까지 촉촉하게 익습니다. 풍년 압력솥은 휘슬러나 암웨이 제품보다 가격 대비 성능이 우수합니다.

❶ **달걀말이용 프라이팬** 직사각형 모양의 달걀말이용 프라이팬 하나 정도 있으면 달걀말이를 쉽게 만들 수 있습니다. 가로로 긴 뒤집개를 갖춰두면 달걀말이를 말 때 편리합니다.

❷ **옥소 계량컵** 용량이 500ml까지 있어 많은 양을 계량할 때 편리합니다.

❸ **계량스푼** 계량스푼은 음식물이 배어들지 않고 튼튼한 재질로 만든 것이 좋습니다. 플라스틱이나 나무 제품보다는 산과 알칼리에 강한 스테인리스나 내열 유리 제품이 좋습니다.

❹ **타니타 저울** 일본 제품으로 잔고장이 없고 전자식이라서 정확한 계량을 할 수 있습니다.

❺ **접이식 스테인리스 찜기** 환경호르몬 걱정 없고 음식물 양에 따라 찜기의 크기를 조절할 수 있어 편리합니다.

❻ **바트** 대중소 크기별로 준비해두면 재료 보관할 때나 고기를 양념 재울 때 등 다양하게 사용할 수 있습니다.

❼ **스테인리스 볼** 대중소 크기별로 준비해두면 샐러드나 나물 무칠 때, 밀가루 반죽할 때 등 쓰임새가 많습니다.

❽ **실리콘 주걱** 실리콘 재질이라서 코팅 팬에 사용해도 팬이 긁힐 염려가 없고 고온에서도 변형이 없습니다. 또 그릇에 남은 드레싱이나 양념을 깨끗하게 긁어낼 수 있습니다. 하지만 카레처럼 색이 짙은 음식을 요리하고 바로 씻지 않으면 색이 변할 수 있습니다. 실리콘 주걱은 주걱과 손잡이가 분리되는 것이 관리하기 쉽습니다.

❶ **나무 조리도구** 코팅 팬에 사용해도 무리가 없고 환경 호르몬 걱정 없이 사용할 수 있지만, 오래 사용하면 음식물이 배어들어 얼룩이 생깁니다.

❷ **플라스틱 채반** 채소나 과일, 국수 등의 물기를 뺄 때 사용하며, 채반과 볼이 포개진 형태가 좀 더 편리합니다.

❸ **스테인리스 집게** 국수나 고기를 집을 때 편리합니다. 스테인리스 재질이 위생적이고 튼튼해서 좋습니다.

❹ **스테인리스 국자** 국이나 찌개를 뜰 때 사용합니다. 용량과 주방에서 사용할 것인지 식탁에서 사용할 것인지 등을 고려해 다양한 크기의 국자를 갖춰두면 편리합니다.

❺ **거품기** 달걀을 풀거나 밀가루를 물에 푸는 등 가루류를 액체에 섞을 때 사용하면 좋습니다.

❻ **스테인리스 거름망** 국이나 찌개에 된장을 풀거나, 일식 스타일의 부드러운 계란찜을 만들 때, 육수에서 건더기를 건질 때 사용하면 좋습니다.

❼ **튀김용 나무젓가락** 나무로 만든 주방도구는 열전도율이 낮아서 뜨거운 음식을 조리할 때 사용하면 좋습니다. 튀김이나 볶음 요리는 화려하게 장식된 젓가락보다는, 나무 본연의 재질을 살려 도색하지 않은 것이 좋습니다.

❽ **실리콘 김발** 대나무 김발은 사용 후 잘 씻어 말리지 않으면 곰팡이가 생겨 위생적으로 관리하기 어렵습니다. 실리콘 김발은 세척과 살균이 간편합니다.

❾ **채소 세척 솔** 우엉이나 생강 등 흙이 묻어 있는 채소를 깨끗이 닦으려면 전용 솔을 하나쯤 갖춰놓는 것이 좋습니다.

| 교양과 멋을 동시에 잡는 어바웃어북의 책 |

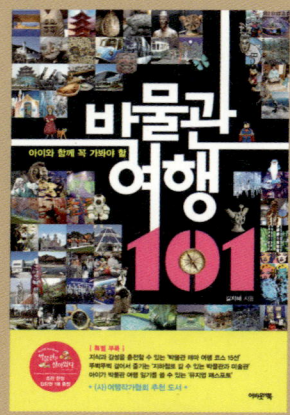

아이와 함께 꼭 가봐야 할
박물관 여행 101
| 길지혜 지음 | 20,000원 |

■ 한국출판문화진흥원 선정 '청소년 권장 도서'

아이에게 쉼표와 느낌표를 함께 안겨줄 수 있는 여행을 고민하는 엄마, 휴일만 되면 '주말에 가볼 만한 곳'이라고 검색하는 게 일상이 된 아빠에게 전국 101개의 박물관에서 보낸 초대장. 아이가 재미있게 놀며 배울 수 있는 박물관을 11개의 테마로 나눠 소개하는 이 책은 박물관에 대한 다양한 여행 정보뿐만 아니라 예술, 자연사, 역사 등 함께 공부할 인문지식을 아이 눈높이에서 소개하고 있다.

남성의 품격과 생존력을 높이는 멋내기 전략
겟잇스타일 Get It Style
| 스타일 어드바이저 지음 | 14,000원 |

**비즈니스 정글에서는 당신의 바짓단까지 평가한다!
패션에서 비즈니스 매너까지 유능함을 연출하는 52가지 스타일링법**

남성의 품격과 생존력을 동시에 끌어 올려줄 52가지 스타일링 노하우를 소개한다. 상대방의 마음을 쥐락펴락하는 상의 앞 단추 잠금 요령, 신뢰감을 주는 넥타이 색상, 장소와 상황에 맞는 향수 사용법 등 정글 같은 비즈니스 세계에서 살아남기 위한 전략이 녹아든 멋내기 테크닉을 알뜰히 담아냈다.

그림에 번진 아이의 상처를 어루만지다
아이의 스케치북
| 김태진 지음 | 16,000원 |

■ 문화체육관광부 선정 '우수 교양 도서'

여기 한 미술교사가 있다. 어린 시절 상처받는 아들이었고, 어른이 되어 상처를 준 아버지이기도 한 그는, 이제 그림으로 아이들의 상처를 어루만진다. 아이들은 그의 미술실로 달려와 감추었던 마음속 이야기를 그림에 펼쳐 놓는다. 그 속에는 부모에게 받은 상처, 친구와의 갈등, 좌절된 꿈에 대한 이야기가 아이들의 일기장처럼 오롯이 담겨 있다.

| 미용과 건강을 위한 어바웃어북의 책 |

평생 살찌지 않는 몸을 만드는 일본인만의 노하우
일본인의 다이어트 체조법
| 이시이 나오카타 지음 | 지희정 옮김 | 13,800원 |

**세계 최저 비만율 1위, 세계 최대 다이어트지수 1위
일본인, 그들은 어떻게 세계에서 가장 날씬한 국민이 되었나?**

일본 생활체육계 최고 권위자인 이시이 나오카타 도쿄대 교수가 개발해 선풍적인 인기를 끌며 '일본국민체조'로 군림해온 다이어트 운동법. 앉아 있거나 누워 있거나 혹은 서 있을 때 이 책에서 소개하는 아주 쉽고 간단한 동작을 따라 하는 것만으로 살이 빠지고 근육이 생긴다!

매일 같이 바쁜 그녀를 위한 마법의 시간
아침 5분 메이크업 & 헤어
| 니미 치아키 지음 | 위정훈 옮김 | 14,800원 |

**출근 준비 시간은 반으로, 아름다움은 두 배로!
매일 아침 아름답게 빛나기 위한 시간 단 5분!**

5분이 5초처럼 느껴지는 바쁜 아침. 이 책은 아침에 자신을 위해 쓸 시간이 많지 않은 여성들이 짧은 시간 안에 얼굴에서 머리까지 아름답게 변신하는 방법들을 담고 있다. 매일 아침 아름답게 빛나는 데 필요한 시간은 단 5분! 날마다 새로운 모습으로 두근두근 설레는 하루를 시작하자.

평생 늙지 않는 눈을 만드는 하루 5분 트레이닝
노안 치유법
| 혼베 카즈히로 지음 | 강철호 옮김 | 13,800원 |

**노안을 방치하면 치매가 온다!
하루 5분 두뇌 트레이닝으로 평생 늙지 않는 눈을 만든다!**

온종일 컴퓨터 화면을 들여다보고, 스마트폰을 손에서 놓지 못하는 현대인들은 젊다고 해서 노안에서 벗어날 수 없다. 눈의 노화를 그대로 방치하면 뇌는 걷잡을 수 없이 빠른 속도로 늙는다. 노안은 충분히 예방할 수도 치유할 수도 있는 질병이다. 하루 5분 두뇌 트레이닝이면 평생 늙지 않는 건강한 눈을 만들 수 있다.

도자기숲
www.dojagisoop.com